22년차 학원장이 알려주는

입시 영어
로드맵

22년차 학원장이 알려주는

입시 영어
로드맵

임은미 지음

초 5년에 시작, 중3에서 끝내자

 프로방스

22년차 학원장이 알려주는 **입시 영어 로드맵**

입시 영어 공부, 언제 시작해야 할까?

"중3이면 늦다. 초5부터 입시 영어를 시작해야 한다."

이 말이 불안하게 들린다면, 그 이유는 분명하다. 입시 영어 교육을 언제, 어떻게, 얼마나 해야 하는지 누구도 확실한 답을 주지 않기 때문이다.

"너무 일찍 시작하면 아이가 지친다"는 말과 "늦으면 절대 따라잡을 수 없다"는 조언이 동시에 들린다. 그러다 보니 부모는 혼란스럽고, 불안함에 사로잡히기 쉽다. 하지만 23년 동안 수많은 학생들을 지도하면서 한 가지 확실한 사실을 발견했다.

상위권 학생들의 90%는 중3 이전에 입시 영어를 끝냈다. 반면, 중3 이후부터 영어를 본격적으로 시작한 학생들은 고등학교 내신과 수능을 따라가느라 힘들어하고, 결국 원하는 대학에 가지 못하는 경우가 많았다.

　이것은 단순한 통계가 아니라, 부모들이 직접 경험한 현실이다. 그러나 걱정할 필요는 없다. 이 책은 지금부터라도 우리 아이가 올바른 방향으로 공부할 수 있도록 돕는 실질적인 길잡이이다.

부모가 흔히 빠지는 함정

많은 부모들이 입시 영어 교육을 두고 같은 고민을 한다.

"지금 시작해도 괜찮을까?"

"너무 늦은 건 아닐까?"

"우리 아이는 속도가 느린데, 따라갈 수 있을까?"

　게다가 학부모 세대가 경험한 영어 교육과, 현재 아이들이 배우는 영어 교육 사이에는 큰 차이가 있다.

　"우리 때는 이렇게 배웠는데…"라고 접근하면, 현재 아이들이 배우는 교육 방식과 괴리가 생길 수밖에 없다. 그러나 한 가지는 분명하다. 모든 아이의 학습 속도는 다르지만, 입시 영어를 준비하는 '골든 타임'은 존재한다. 바로 초등 5학년부터 중학교 3학년까지의 시기이다. 이 시기에 영어 공부를 체계적으로 정리한 학생들은 고등학교에서 내신과 수능을 준비할 때 훨씬 수월한 길을 걷는다.

이 책이 엄마들에게 전하는 메시지

이 책은 단순한 문제집 추천서가 아니다. 영어 교육의 근본적인 방향을 잡아주고, 부모가 불안해하지 않도록 실질적인 해결책을 제시한다.

☐ 초5부터 중3까지, 아이의 학습 속도에 맞춘 맞춤형 로드맵 제공

☐ 학교 내신과 수능 대비를 동시에 준비하는 전략 제시

☐ 실제 학부모들의 고민을 반영한 솔루션과 성공 사례 수록

☐ 아이의 학습 태도를 변화시키는 부모의 역할과 멘탈 관리법 정리

이제는 더 이상 "어떻게 해야 할지 모르겠다"는 고민에서 벗어나야 한다. 이 책을 읽는 순간, "우리 아이도 할 수 있다"는 확신과 안도감을 느끼게 될 것이다. 지금 이 순간, 당신은 이미 최고의 선택을 했다. 영어 공부는 불안해서 시작하는 것이 아니라, 아이의 가능성을 믿고 시작하는 것이다.

이제 우리 함께, 아이의 가능성을 믿고 한 걸음씩 나아가 보자.

contents

아이마다 속도가 다르다

개정 교육과정

5부

아이별 맞춤 학습:
성향과 기질을 고려한 코칭

6부

가정에서 실천하는
학습 관리와 동기 부여

내 아이를 위한
교육 가이드

1부

아이마다 속도가
다르다

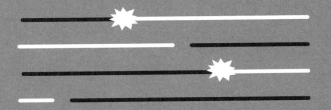

22년차 학원장이 알려주는 **입시 영어 로드맵**

아이의 성적,
부모의 태도가 결정한다

모든 아이는 공부를 잘하고 싶어 한다

아이의 성적을 이야기할 때, 종종 '재능'이나 '아이의 노력 부족'에 초점을 맞추는 경우가 많다. 하지만 실제로 아이가 어떤 환경에서, 어떤 심리 상태로 공부를 이어 나가는지를 살펴보면, 그 배경에 부모의 태도가 결정적 영향을 미친다는 사실을 어렵지 않게 발견할 수 있다. 부모가 어떤 말을 건네고, 어떤 눈빛으로 아이를 바라보고, 어떻게 공부할 수 있도록 지원해 주는지에 따라 아이의 학습 성취와 동기 수준이 달라진다는 것이다.

부모가 처음부터 성적을 지나치게 강조하는 태도를 보이면 아이는 성적이 '인정받을 수 있는 유일한 수단'이라고 오해할 수 있다. 아이들은 본능적으로 부모에게 칭찬받고 싶은 욕구가 크다. 그래서 부모가 "성적이 이 정도밖에 안돼?"라며 실망감을 드러내면, 아이는 '내 존재 자체가 성적과 결부돼 있다'고 여기기 쉽다. 결과적으로 성적이 떨어지는 것은 단순히 과목 이해도가 부족해서가 아니라, 부모의 기대치가 주는 압박감이 아이의 학습 의지를 꺾어 놓는 탓일 수 있다. 성적보다 노력을 먼저 칭찬해 주거나, 작은 향상이라도 함께 기뻐해 주는 태도를 갖춘다면, 아이가 학습 상황을 더 긍정적으로 받아들이는 계기가 될 것이다.

부모의 태도는 말 한마디로 결정되지 않는다. 집안 환경, 학습 분위기, 평소 대화의 톤 등 눈에 보이지 않는 요소들이 복합적으로 작용한다. 예를 들어 아이가 숙제를 하려는 찰나, 부모가 갑자기 "그거 아직도 다 못 했어?" 혹은 "숙제 했어?"라고 다그친다면 아이는 '나는 항상 느리고 부족한 아이'라는 부정적 감정을 갖게 된다. 이러한 감정이 쌓이면 자기 효능감이 떨어지고, 결국 공부 자체를 어렵고 싫은 것으로 느끼게 된다. 반면 숙제를 하는 동안 조용한 환경을 마련해 주고, 아이가 스스로 문제를 해결하려고 애쓰는 모습을 지켜봐 준 뒤 "오늘은 지난번보다 더 집중하더라" 라며 작은 변화를 발견해 주면, 아이는 "내가 노력하면 좀 더 잘할 수 있구나"라는 자신감을 얻게 된다.

유명 교육학자들의 연구도 이 사실을 뒷받침한다. 하버드대학교 교육대학원의 Richard Weissbourd(리처드 와이스보드)는 "부모가 아이의 노력과 가능성을 끊임없이 신뢰해 줘야 아이가 공부할 용기와 열정을 얻는다" 라고 말했다. 이는 곧 부모의 긍정적인 시각이 아이에게 '나는 할 수 있다'는 믿음을 심어준다는 의미다. 물론 부모가 완벽하게 늘 긍정적인 태도를 유지하기란 쉽지 않다. 때로는 걱정이 앞서고, 아이의 미래를 생각하다 보면 한숨부터 나오기도 한다. 그럼에도 불구하고 중요한 건 '아이를 향한 믿음'을 잃지 않는 것이다. 믿는다는 것은 단순히 "너는 할 수 있어"라는 말로만 끝나지 않는다. 아이가 스스로 공부 계획을 세울 수 있도록 기다려 주고, 작은 성공이라도 함께 축하하며, 잘 안 될 때는 왜 어려웠는지 함께 이야기를 나누는 전 과정이 모두 믿음의 표현이다.

부모의 태도가 아이의 성적에 영향을 준다는 사실은, 결국 학습이라는 행위가 지극히 '심리적인 활동'임을 보여 준다. 아이가 문제를 풀 때 느끼는 기대와 설렘, 혹은 두려움과 좌절감이 모두 감정적 과정이다. 부모가 감정적으로 안정된 울타리를 제공하면 아이는 마음의 여유를 가지고 문제와 마주할 수 있다. 반대로 부모가 시험 기간만 되면 초조해하고 불안을 감추지 못한다면, 그 기운이 아이에게도 고스란히 전해진다. 아이는 자신도 모르게 부모의 긴장감을 흡수하여 학습 자체가 불안과 동의어인 것처럼 느끼게 되며, 제 실력을 발휘하기도 전에 지쳐버린다.

실제로 '적절한 개입'이 아이에게 도움이 된다는 연구가 많다. 아이가 어느 순간 포기하고 싶을 때, 부모가 한 발짝 다가와 "어떤 부분이 가장 힘들어? 함께 살펴볼까?"라고 부드럽게 대화를 시작하면 아이는 배우는 과정에서 외롭지 않다고 느낀다. 이 안정감이 다시금 도전 의욕을 높여 준다. 그러나 한계를 넘어서, 아이가 무엇을 하든지 간섭하고 일일이 지시하려 든다면 결과는 정반대로 나타난다. 자기 주도 학습 능력이 길러지지 못하고, 아이는 '내 공부가 아니라 부모가 시키는 공부'라는 생각에 분노나 무력감을 느끼게 된다. 따라서 '관심'과 '간섭'의 미묘한 경계를 조절하는 것이 부모의 중요한 과제가 된다.

부모의 태도가 중요하다는 것은 단지 따뜻한 말이나 칭찬으로 그치는 문제가 아니다. 아이가 공부에 몰두할 수 있도록 실제적인 지원을 해 주는 것도 한몫 한다. 예를 들어 조용한 공부 방을 마련해 주거나, 책상에 앉으면 바로 공부에 집중할 수 있도록 불필요한 물건을 치워 주는 식의 사소한 환경 조성이 뜻밖의 효과를 발휘한다. 아이가 궁금한 것을 부모에게 질문했을 때, "나도 잘 모르겠는데, 같이 찾아볼까?"라고 호기심을 나누는 태도 역시 큰 도움을 준다. 이런 태도로 인해 아이는 지식 추구의 과정을 즐겁게 느끼게 되고, '내가 아는 것이 전부가 아니고 더 배울 것이 많다'는 열린 자세를 가지게 된다.

결국 부모가 가져야 할 핵심 태도는 '지켜봐 주면서도 충분히 신뢰하는 것'이다. 아이가 문제를 푸는 방식이 어색하거나 비효율적이라 해도, 먼저 스스로 시도해 볼 기회를 준 뒤 그 과정을 존중해 주는 태도가 필요하다. 잘못된 풀이 과정을 밟고 있다면 어느 시점에서 함께 문제점을 분석해 볼 수 있지만, 처음부터 "그렇게 하면 안 돼" 라고 제지해 버리면 아이는 자신만의 방식으로 탐구하는 기회를 놓치게 된다. 이런 제한이 반복되면 아이는 부모를 신경 쓰느라 집중력을 잃고, 오직 부모의 확인이나 칭찬을 받기 위한 공부만 하게 된다.

아이 성적이 좋지 않을 때도 마찬가지다. 부모가 덮어놓고 "공부를 왜 이렇게 못하니!"라고 화를 내기보다는, 함께 원인을 찾아보는 태도가 훨씬 발전적이다. 아이가 "이 과목은 처음부터 너무 어렵게 느껴졌어" 라고 솔직히 말한다면, "어느 부분이 어려웠어? 그 파트를 다시 공부해 보자" 라고 길잡이가 되어 줄 수 있다. 단순히 '결과'가 아니라 '과정' 에 초점을 맞추는 것이다. 이런 과정을 통해 아이는 자신이 공부에 뒤처지는 이유를 구체적으로 알게 되고, 해결책도 찾을 수 있게 된다.

아이가 아무리 노력해도 성과가 나오지 않는 시기가 있다. 그럴 때 부모가 "네가 열심히 했잖아. 이번 경험으로 다음 번에 어떻게 더 잘할 수 있을지 생각해 보자" 라고 말해 주면, 아이는 성적 하락을 '실패'가 아니라 '배움을 위한 과정' 으로 인식하게 된다. 반면 이때 "너는 왜 이렇게 못하니. 다시 해봐야 소용이 없겠다"라는 식으로 잘라 말하면, 아이는 스스로를 '실패한 사람' 이라고 낙인 찍으며 공부에 대한 의욕마저 접어 버리기 쉽다.

학습 전문가들은 부모의 '정서적 지지'가 아이의 학업 성취도에 장기적으로 큰 영향을 준다고 입을 모은다. 아이가 그 어떤 과목을 공부하든, 문제를 풀다가 막히든, 결국 아이는 '내가 지지 받고 있다'는 사실만으로 한 번 더 도전하고 싶은 마음을 갖게 된다. 이런 마음의 근원에는 '부모라는 안전망이 있으니 시도해 봐도 괜찮다'는 믿음이 깔려 있다. 그래서 부모가 아이에게 "네가 잘 해낼 거라 믿어"라고 말해 주면서도, 구체적인 도움—예컨대 함께 참고서 목차를 살펴보거나, 학습 스케줄을 잡는 것을 거들어 주는 식—을 곁들여 주면 더욱 효과적이다.

이러한 정서적 지지가 뒷받침이 되어 준다면 아이는 '공부를 통해 성장할 수 있다'는 확신을 점차 키워 가며, 자신만의 학습 여정을 흔들림 없이 이어 나갈 수 있을 것이다.

많은 아이들이 스스로 "공부를 잘하고 싶다"라는 마음을 품는다. 부모가 시켜서 하든, 친구에게 뒤처지기 싫어서 하든, 혹은 스스로 성취감을 느끼고 싶어서 든 간에, 아이들은 '잘하고 싶다'는 바람을 어느 정도 공유하고 있다. 그런데 현실로 돌아가 보면, 그런 마음만큼 결과가 잘 나오지는 않는다. 왜 그런 걸까? 사실 아이의 본능적 욕구와 달리, 공부를 방해하는 여러 가지 심리적·환경적 요인이 작용하기 때문이다.

우선 '실패에 대한 두려움'이 큰 요인으로 꼽힌다. 아이들은 모르

22년차 학원장이 알려주는 입시 영어 로드맵

는 문제를 풀거나 새로운 지식을 배울 때, 그 과정을 온전히 즐기기보다는 "잘못하면 어쩌지?"라는 불안에 시달릴 때가 많다. 이런 불안감은 주로 교실에서의 경쟁 구도나 시험 점수가 전부라는 사회적 분위기에서 비롯되지만, 가정 내에서의 작은 말 한마디도 크게 작용한다. 예를 들어, 부모가 "이번에도 수학 점수 잘못 나오면 어쩌려고 그러니?"라고 경고조로 이야기하면, 아이는 '실패는 용납되지 않는다'는 메시지를 받는다. 이때부터 공부는 즐거운 탐구가 아니라, '실패를 피해야만 하는 과제'가 돼 버린다. 실패에 대한 두려움이 커질수록 아이는 학습 자체보다는 결과에만 집착하게 되고, 부담 때문에 실력 발휘조차 제대로 하지 못하는 상황에 빠질 수 있다.

두 번째 문제점으로, '흥미나 의미를 찾지 못하는 것'을 들 수 있다. 사실 아이들의 마음속에는 호기심과 탐구 정신이 충만하다. 새로운 것을 발견하고, 그 의미를 깨우치는 데서 즐거움을 느낀다. 하지만 교과서의 내용이 너무 딱딱하거나, 실제 생활과 연계가 잘 되지 않으면 흥미가 떨어질 수밖에 없다. 책을 읽다 가도 "이게 도대체 어디에 쓰이나?"라는 의문이 생기고, 답을 찾지 못하면 금세 지루해진다. 게다가 성적을 올리는 데 급급해 문제 풀이 방식만 반복하다 보면, 공부가 '단순 노동'처럼 느껴지게 된다. 이 상태가 지속되면 아이들은 결국 "공부가 싫다"라는 말을 내뱉게 된다. 이처럼 학습 동기가 단절된 상태에서 아무리 시간을 많이 투자해 봐야, 그 결과가 만족스럽기 어렵다.

물론 아이가 공부를 '어렵다'고 느끼는 경우도 많다. 특히 기초가 부족한 채로 차근차근 단계를 밟지 못하면, 다음 단계를 이해하기가 훨씬 힘들어진다. 수학을 예로 들면, 사칙연산에서 막혔는데 분수나 소수, 나아가 방정식 등으로 넘어갔을 때, 아이는 이미 따라가기 버거운 상태다. 이런 상황이 몇 번 반복되면 아이는 "나는 원래 수학을 못 해"라고 생각하고 포기해 버린다. 실제로는 그 아이가 '못'하는 게 아니라, '어디서부터 막혔는지' 정확히 찾아서 다시 공부할 기회를 놓친 것에 불과하다. 하지만 자기 스스로 낙인을 찍어버린 이후에는 동기가 약해지고, 회복이 쉽지 않다.

집중력이 충분치 않다는 문제도 있다. 아이는 부모가 제공하는 교육 환경 속에서 학습 습관을 기른다. 그런데 요즘은 스마트폰, TV, 게임 등 아이들의 시선을 빼앗는 자극이 너무나 많다. 부모가 "공부해!"라고 말만 할 뿐, 실제로는 공부를 할 수 있는 적절한 시간이나 환경을 만들어 주지 않으면, 아이가 스스로 방해 요소를 통제하기가 어렵다. 물론 부모가 지나치게 간섭해도 좋지 않지만, 어느 정도의 규칙과 시간 관리는 필요하다. 예를 들어, "하루 한 시간은 핸드폰 없이 독서나 숙제에 집중해 보자"와 같은 규칙을 정해 주지 않으면, 아이는 스스로 유혹을 이겨내기 힘들고 공부에 몰입하는 경험도 놓쳐 버린다.

또한 '반복된 실패 경험'이 문제를 심화 시키는 경우도 많다. 아이가 시험에서 낙제점을 받거나, 학습을 아무리 해도 개선이 안 된다고 느끼면 의기소침해진다. 그럴 때 옆에서 충분한 격려와 피드백을 해 주지 않으면, 아이는 '나는 어차피 공부해도 안 될 아이'라는 부정적 확신을 굳히게 된다. 이 상태에 빠지면 아이는 더 이상 노력할 동기를 잃어버리고, 부모가 아무리 "공부해라" 해도 "어차피 해봐야 안 된다" 라며 고개를 돌린다. 결국 부모의 부정적인 반응—예를 들어 "어떻게 너는 매번 못하니?" 같은 말—이 아이의 자존감을 더 크게 갉아먹고, 아이 스스로를 바닥까지 끌어내리는 악순환이 이어진다.

사회·문화적 요인도 무시할 수 없다. 경쟁이 당연시되는 교육 환경 속에서, 아이들은 고득점을 위해 무리한 사교육에 참여하게 된다. 밤 늦게까지 학원 숙제를 끝내느라 녹초가 되고, 주말에도 쉬지 못한다면 공부에 대한 동기가 살아날 리 없다. 공부가 궁극적으로 자신의 능력과 흥미를 발전시키는 과정이 아니라, '지옥 같은 레이스'가 돼 버리는 것이다. 이런 환경에서는 공부를 '잘하고 싶다'는 마음보다 '빨리 도망치고 싶다'는 마음이 더 커져 버린다.

가정 내 갈등도 아이의 학습 의욕을 꺾는 요인이 될 수 있다. 부모가 잦은 다툼을 하거나, 아이를 공격적으로 대하고, 때로는 형제·자매 간 비교를 일삼으면, 아이는 정서적으로 불안정해진다. 정서적 안정감 없이 공부에 집중하기란 쉽지 않다. 결국 아이는 '집중'해야 할 곳이 학습이 아니라, 자신의 감정을 보호하는 데로 향한다.

공부를 하더라도 머리에 들어오지 않고, 시험에서 좋은 성적을 기대하기도 어렵게 된다.

게다가 아이와 부모 사이의 소통이 원활하지 않을 경우, 아이는 자신의 어려움을 호소할 통로를 잃는다. 예를 들어, 아이가 "난 이 과목이 너무 힘들어"라고 얘기해도, 부모가 "그냥 공부 열심히만 해!"라고 일축해 버리면 대화가 끊긴다. 다시 한번 용기 내어 도움을 청하려 해도, 이미 상처받은 아이의 마음은 문을 닫는다. 결국 점점 더 자신의 문제를 혼자 안고 끙끙 앓게 되고, 혼란스러움을 해소할 길 없이 학습에 대한 불신만 커진다.

실제로 모든 아이는 '조금 더 잘하고 싶다'는 마음을 갖고 있지만, 이러한 마음이 제대로 이행되지 못하도록 방해하는 요소가 다양하다. 그렇다면 아이들의 마음속에서 벌어지는 실제 심리는 어떨까? 첫째, 아이는 '성취감'을 갈망한다. 사소한 과제라도 스스로 해결했을 때 느끼는 뿌듯함이 있다. 둘째, 아이는 '지지 받고 싶다'는 욕구가 강하다. 부모나 선생님이 "잘할 수 있어"라고 다정하게 말해 줄 때, 아이는 한 걸음 더 나아갈 에너지를 얻는다. 셋째, 아이는 자신만의 속도를 존중 받고 싶다. 한 번에 이해가 안 되어도 괜찮고, 몇 번을 반복해도 실패해도 된다는 메시지를 받아야 마음의 부담이 줄어든다.

하지만 현실에서는 반대로 돌아가는 경우가 많다. 성취감을 느끼기 전에 이미 실패 경험을 맛보고, 지지를 받기보다는 점수나 성적으로 판단 받으며, 자기 속도에 맞춰 배우는 대신 학원·학교·숙제·평가라는 빠른 사이클에 끌려 다니기 일쑤다. 이렇게 되면 아무리 아이가 본능적으로 "더 잘하고 싶다"라는 마음을 가져도, 현실 장벽 앞에서 쉽게 좌절한다. 자신의 학습 수준에 맞지 않는 학습 방법이나 환경이 제공되면, 공부는 고통스러운 반복일 뿐이다.

이렇듯 아이가 공부를 잘하고 싶어 하지만 그러지 못하는 문제점은 한두 가지 이유로 단정 지을 수 없다. 아이 자신의 기질, 가정 환경, 부모의 태도, 사회·문화적 교육 분위기 등이 복합적으로 얽혀 있다. 그러나 분명한 사실 하나는, 모든 아이가 공부를 싫어하거나 의지가 없는 것은 아니라는 점이다. 아이들은 자신이 성취해 나가는 과정에서 즐거움을 맛보고, 그 즐거움을 통해 더 나아가고 싶어 한다. 다만 그 불씨가 간혹 사소한 좌절, 불안, 무관심 속에서 꺼져 버리는 것이다.

부모가 이를 인식하고 있다면, 아이가 가진 공부에 대한 긍정적 욕구를 살릴 수 있는 여지가 생긴다. 아이가 "나 못해" 라고 말할 때조차 사실은 "난 사실 잘해 보고 싶었는데, 어쩔 수 없이 포기하는 거야" 라는 마음이 깔려 있을 수 있다. 이때 부모가 진심으로 공감해 주고, 마음속 불안과 결핍을 보듬어 주는 대화를 시작한다면 아이는 "그래, 나도 사실 잘하고 싶었어" 라고 다시 자신의 마음을 꺼내 보일 수 있다.

결국 아이들이 공부를 잘하고 싶어 하면서도 그렇게 하지 못하는 이유는, 불안·부정적 경험·환경적 제약이 복합적으로 작용하기 때문이다. 처음부터 공부에 적성이 없기 때문이 아니다. '난 안 돼'라고 자포자기하는 아이도, 내면 깊숙이 들어가 보면 언젠간 잘해 보고 싶은 바람이 희미하게나마 남아 있다. 이 불씨가 완전히 사그라지기 전에, 부모와 교육자들이 아이의 마음을 잘 헤아려 주고 실패에 대한 두려움보다 성장 가능성에 초점을 맞춰 준다면, 아이는 다시금 자신감을 얻게 된다.

결국 중요한 것은, "어째서 아이가 잘하고 싶어 하는데도 이 상황에 머물러 있는가?"라는 질문에 대한 답을 찾는 일이다. 근본적인 해결책은 아이가 조금 더 편안하게 도전하고 실패해도 괜찮은 환경을 조성해 주는 것이다. 그리고 아이의 이야기를 귀 기울여 듣고, 작은 진전이라도 함께 발견하고, 실수에도 격려해 주는 태도가 필요하다. 아이들은 결국 본능적으로 배우고 익히며 성장해 나가려는 존재이기 때문이다. "모든 아이는 공부를 잘하고 싶다." 이 당연한 진실을 다시금 기억할 때, 아이가 성적 이상의 가치와 의미를 학습에서 찾을 수 있도록 도울 수 있을 것이다.

잘하면 더 잘하고 싶다: 아이의 동기 부여 깨우는 법

공부에서 재미를 느껴 본 아이들은 더 잘하고 싶어 한다. 스스로 문제를 풀어냈을 때의 쾌감, 새로운 지식을 이해했을 때의 만족감, 그리고 시험에서 좋은 성적을 받았을 때의 뿌듯함이 계속 공부하도록 동기를 부여한다. 아이가 '조금만 더 노력하면 더 좋은 결과를 얻을 수 있다'고 믿으면, 그 믿음은 앞으로의 학습 태도와 열정을 결정짓는 중요한 요인이 된다. 문제는 어떻게 이런 학습 동기를 깨워 줄 수 있느냐는 것이다. 대부분의 아이들은 한두 번의 작은 실패나 좌절로 인해 의욕이 꺾이는 경험을 한다. 따라서 학습 동기가 처음부터 타고나는 게 아니라, 작은 성공의 경험을 통해 서서히 자라난다는 점을 기억할 필요가 있다.

먼저, '과정을 칭찬하기'가 핵심 전략이다. 많은 부모와 선생님이 결과에만 초점을 두고 "이번엔 몇 점이야?"라고 묻는 경우가 잦다. 물론 시험 성적이나 결과는 중요하지만, 그것 만으로는 아이의 동기가 오래가지 않는다. 아이는 "자신이 노력한 과정"이 충분히 인정받지 못한다고 느낄 때, 어렵거나 시간이 오래 걸리는 과목을 쉽게 포기한다. 반대로 "이번 과제는 지난번보다 꼼꼼하게 체크했더라" 라거나 "틀린 문제를 다시 풀이해 보는 모습이 대단했어" 같은 식으로 과정을 칭찬받으면, 아이는 '나의 노력' 자체가 존중 받고 있다고 느끼게 된다. 이 감각이 쌓여 '내가 열심히 하면 성취할 수 있다'는 긍정적 확신을 만든다.

둘째로, 작은 목표부터 시작하는 것이 좋다. 작은 목표를 설정한다는 것은 당장 거창한 성과를 기대하기보다, 현재 자신의 수준에서 해낼 수 있는 목표를 세운다는 의미다. 예를 들어, 영어를 어려워하는 아이에게 "오늘 완벽한 에세이를 써보자!"라고 말하면 너무 부담스러울 수 있다. 대신 "오늘 세 가지 간단한 표현을 제대로 사용하는 법을 배워보자"라고 접근하면 성공 가능성이 훨씬 높아진다. 이렇게 작은 목표를 달성하면 자신감이 생기고, 자신감이 쌓이면 더 큰 도전도 할 수 있게 된다. "공부를 잘하면 잘할수록 더 잘하고 싶어진다"는 말은 결국 이런 작은 성공들이 쌓여 만들어지는 현상이다.

셋째, '실패에 대한 태도'를 바꾸는 것이 필요하다. 많은 아이가 한번 시험에서 실패하면 크게 좌절하고, 심지어 "난 안 돼"라는 결론을 내려버린다. 이 과정을 방치하지 않으려면, 부모와 선생님은 실패를 '또 다른 시도와 성장의 기회'로 바라보도록 도와줘야 한다. 예를 들어 시험 점수가 낮게 나왔을 때, "어쩌면 좋니, 이렇게 못하면"이 아니라 "어디서부터 막혔는지 살펴보자. 이 부분을 다시 공부해 보면 다음엔 훨씬 나아질 거야"라는 말이 필요하다. 아이가 실패를 '성장을 위한 단계'로 인식할 수 있다면, 실패 자체가 학습 동기를 꺾는 요소가 아니라 오히려 동기를 강화하는 계기가 될 수 있다.

넷째로, 아이 스스로 '학습 방향'을 설정해 볼 수 있도록 하는 게 좋다. 모든 아이가 똑같은 속도로, 똑같은 방식을 통해 공부하는 것은 불가능하다. 누군가는 개념 정리에 더 집중해야 하고, 다른 누군가는 문제 풀이 연습이 필요할 수 있다. 또 어떤 아이는 시각 자료를 통해 배우는 걸 좋아하고, 어떤 아이는 이야기를 듣고 떠올리는 걸 좋아한다. 이런 차이를 무시하고 일괄적으로 "이렇게 공부해라"라고 강요하면, 아이는 스스로의 학습 스타일을 발견할 기회를 놓친다. 반면 아이가 자기에게 맞는 방식을 찾도록 격려하면, 공부 자체가 '자율성'을 느낄 수 있는 활동이 된다. 학습에 자율성이 더해지면 동기가 높아지고, 더 잘하고 싶은 마음이 자연스럽게 생긴다.

또 한 가지 중요한 것은 '부모의 언어와 태도'다. 공부에 대한 아이의 인식을 바꾸려면, 먼저 부모가 공부에 대해 긍정적인 언급을 자주 해야 한다. 가령 "공부는 힘들기만 해"라는 식의 부정적 인식이나, "너는 이것도 못하니?"라는 조롱 섞인 태도는 아이의 동기를 망치는 지름길이다. 부모 스스로도 공부의 유익함, 새로운 것을 배우는 즐거움에 대해 이야기하며, 아이가 배움을 통해 미래의 가능성을 확장할 수 있음을 자주 상기시켜야 한다. 이런 긍정적 메시지를 통해 아이는 "공부는 짜증 나고 귀찮은 일"이라는 편견에서 벗어날 수 있다.

다음으로, '도전할 수 있는 환경'을 만들어 주는 것 또한 학습 동기 형성에 중요하다. 여기서의 '환경'은 단지 물리적 공부 공간만 의미하지 않는다. 반면 "한 번 해 볼까?"라고 물어보고, 아이가 시도한 결과를 존중해 주는 태도가 이어지면, 아이는 자발적으로 새로운 학습 영역에 발을 들여놓으려 한다. 잘할수록 더 잘하고 싶은 마음은 이런 도전 속에서 더욱 단단해 진다.

여기에 '역할 모델'을 제시하는 것도 도움이 된다. 주위에서 공부를 즐기거나, 어려운 과제에 적극적으로 임하는 친구나 형·언니, 혹은 부모의 모습 자체가 자극이 된다. 아이는 "저 친구는 어쩌면 저렇게 즐겁게 공부하지?"라는 호기심을 품고, 스스로도 흉내 내 보고 싶어 한다. 부모가 취미 활동이나 책 읽기에 열심인 모습을 자주 보여줘도 비슷한 효과가 있다. 아이들은 말보다 눈에 보이는 실천으로부터 더 큰 영감을 얻는다.

이와 더불어, '작은 성공을 공개적으로 인정해 주는 것' 역시 아이의 자신감을 키우는 데 도움을 준다. 예컨대 가족끼리 식사 중에 "얘가 이번에 수학 문제를 혼자서 다 풀었어"라고 칭찬하면, 아이는 자신의 능력을 다시금 재확인하게 된다. 이런 인정이 쌓이면 "오, 이거 재밌는데? 더 잘하고 싶다"라는 마음이 절로 생긴다. 물론 공개적 칭찬에도 유의할 점은 있다. 아이를 자랑삼아 과도하게 추켜세우면, 다른 형제·자매가 비교당한다고 느낄 수도 있고, 아이가 부담을 느낄 수도 있다. 단순하고 진솔한 인정과 격려가 적절하다.

아이가 이미 학습 동기가 떨어진 상태라면, 되살리는 데 시간이 걸릴 수 있다. 이 경우에는 '지금 아이에게 맞는 수준' 부터 공략해야 한다. 어렵고 복잡한 것보다 쉽게 익힐 수 있는 단원, 혹은 아이가 관심을 보이는 분야부터 접근한다. 처음부터 큰 부담 없이 작게 시작해 "해보니 할 만하네?"라는 자신감이 생기도록 유도한다. 이때 부모가 꾸준히 관찰하고, 긍정적 피드백을 주며 진도를 같이 맞춰 주면, 아이도 점차 동기가 살아나는 것을 느낀다. 그리고 이 동기가 확보되면, 더 어려운 과제도 스스로 해볼 수 있는 힘이 생긴다.

또 한편으로, 아이가 좋은 성적을 받았을 때 "더 잘 해야지!"라고 만 몰아세우는 것도 피해야 한다. 좋은 성적을 거둔 아이는 이미 그 순간 성취감에 들떠 있고, "좀 더 해볼까?"라는 생각이 스스로 떠오 를 가능성이 크다. 부모가 미리 "이 정도론 부족해" 라며 아쉬움을 드러내면, 아이는 만족감을 느끼기도 전에 스트레스부터 받는다. 그러면 오히려 흥미가 꺾일 수 있다. 칭찬과 격려로 지금까지의 노력을 인정해 준 후, 아이 스스로 더 높은 목표를 제안하도록 유도하는 것이 바람직하다.

마지막으로, "내 공부가 왜 필요한가?"라는 질문에 대해 아이가 납득하는 단계가 반드시 필요하다. 막연히 "커서 좋은 대학 가야지"는 동기 지속에 한계를 갖는다. 아이가 관심 있어 하는 꿈이나 진로가 있다면, 그와 관련된 공부가 어떤 의미가 있는지 대화를 통해 구체적으로 알려줘야 한다. 예를 들어, "네가 좋아하는 게임 개발 분야에서 수학이 어떻게 쓰이는지 알아볼까?"라는 식의 구체적 탐색은 아이의 흥미를 높여 준다. 이처럼 학습과 아이의 관심 분야를 연결해 주면, 공부가 단순히 성적을 위한 수단이 아니라 '나의 가능성을 펼치는 도구'로 보이기 시작한다.

　무엇보다 중요한 건, "나는 할 수 있다"는 자기 효능감과 "더 잘하고 싶다"는 의지를 만들어 주는 것이다. 이런 분위기가 형성되면, 공부를 잘하는 아이는 더 잘하고 싶어지고, 그렇지 않은 아이도 조금씩 자기만의 속도로 따라잡을 수 있게 된다. 결국 '공부를 잘할수록 더 잘하고 싶어지는' 선순환이 일어나고, 아이는 배움의 과정을 점점 더 즐기게 될 것이다.

자퇴생에서
AI 연구원으로

"엄마, 나 자퇴할 거야!"

처음 이 말을 들었을 때는 장난처럼 느껴졌다. 그만큼 현실감이 없었다. 하지만 삭발까지 감행한 첫째의 결심은 놀라울 정도로 단호했고, 나 역시 더 이상 부정만 할 수는 없었다. 뭐가 문제인지, 어떻게 이 상황을 풀어나가야 할지 고민이 머리를 가득 채웠다. 학교에서 공부도 곧잘 했던 첫째라 '자퇴'라는 단어가 더욱 낯설게 느껴졌다. '학교는 단순히 공부만 하는 곳이 아니고, 친구들과 어울리며 사회성을 키우는 곳인데, 자퇴라니…' 이런 생각이 끊임없이 떠올라 마음이 복잡했다.

그러나 막상 대화를 해보니, 첫째가 느끼는 현실은 달랐다. 중학교 2학년이 되면서 성적은 조금씩 떨어졌고, 항상 최고여야 한다는 압박감에 시달렸다. 거기에 담임 선생님과의 소통 문제까지 겹쳐 학교가 점점 숨 막히는 공간이 됐다는 것이다. 첫째는 완벽주의적 성향을 지녔기에, '이러다 나 자신이 무너질 수도 있다'라는 두려움이 컸던 듯했다. "학교에서 벗어나 검정고시를 준비하고 빨리 대학에 가면, 이 상황을 해결할 수 있을 것 같다"라는 첫째의 주장은 내게는 황당하게 들렸지만, 첫째는 자신만의 논리를 이미 굳힌 상태였다.

내 입장에서는 어떻게든 말리고 싶었다. 그러나 부부가 상의도 제대로 하기 전에, 남편이 첫째와 함께 학교로 가서 자퇴서를 제출해 버렸다. '이걸 어쩌나…' 눈앞이 깜깜했다. 자퇴라는 결정은 이미 내려졌고, 이제 남은 건 '어떻게 첫째를 새로운 방향으로 이끌어 줄 것인가'였다. 단순히 "왜 그런 극단적인 결정을 해!"라고 비난하기에는 첫째의 고민이 깊어 보였다. 고민 끝에, 우리는 첫째의 환경을 완전히 바꿔 주자는 데 의견이 모였다. 그 길이 바로 '유학'이었다.

막상 미국으로 건너간 뒤, 문제는 또 다른 형태로 우리를 기다리고 있었다. 바로 영어의 벽이었다. 한국에서는 전교 1등을 놓친 적이 거의 없던 첫째였지만, 영어로 된 교과서를 읽지 못하니 수학조차 문제를 풀기 힘들었다. 첫 학교였던 MacDonald 중학교에서는

"성적을 매길 수 없다"라는 표현이 성적표에 찍혔다. '영어를 못해서 그런 건가? 내가 이 길을 잘못 선택한 걸까?' 하는 불안이 커져갔다.

하지만 낯선 환경이 주는 충격은 첫째에게 어쩌면 '새로운 성장의 시발점'이 됐던 것 같다. 오히려 영어가 안 되니 더욱 필사적으로 공부해야 했고, 그런 과정을 통해 '성적'이 아니라 '배움의 과정' 자체의 의미를 조금씩 깨닫게 된 것이다. 나는 첫째에게 개인 과외 선생님을 붙여 주고, 방과 후에는 친구들과 운동하면서 스트레스를 풀도록 했다. 학습 시간을 구체적으로 정해 주며, 엄마로서 너무 과도한 간섭은 삼가되 필요한 만큼의 틀은 잡아 주려고 노력했다. '첫째의 고민을 들어주고, 필요한 방향을 제시하되, 결론은 첫째가 내리게 하자'라는 원칙을 스스로 세워 본 것이다.

결국 첫째는 Okemos High School로 학교를 옮긴 뒤, 첫 학기에 수학에서만 B+를 받고 나머지는 모두 A를 받았다. 나는 성적표를 보고 깜짝 놀랐다. 영어 때문에 애를 먹을 줄로만 알았는데, 오히려 세계사에서는 미국 친구들이 첫째에게 도움을 청할 정도였다는 이야기를 듣고 정말 신기했다. 첫째는 어릴 때부터 다양한 책을 많이 읽어 둔 덕분에 배경 지식이 풍부했다. 이를 영어가 완벽하지 않아도 첫째의 방식대로 풀어내니 오히려 수업 이해도가 높아진 것이다. "내가 영어가 부족해도, 알고 있는 지식을 친구들과 나눌 수 있구나"라는 깨달음은 첫째에게 큰 자신감을 안겨 주었다.

이런 경험을 통해 첫째는 스스로 '공부의 즐거움'을 찾기 시작했다. 예전에는 성적이 떨어지면 불안해 했지만, 이제는 작은 진전에도 성취감을 느끼게 됐다. 그리고 무엇보다, '조금 부족해도 괜찮다. 노력하면 어느 정도 따라잡을 수 있다'는 긍정적 태도가 생겨났다. 완벽주의가 만들어 낸 불안감 대신, '실패해도 다시 시도하면 되지'라는 유연함이 서서히 자리 잡은 것이다.

이후 고등학교를 무사히 마친 첫째는, 대학 진학을 결정하며 "엄마, 이제 공부 안 해도 돼, 나 졸업했으니까" 라며 장난스럽게 웃었다. 하지만 마음 한구석에는 더 배워 보고 싶은 욕구가 싹트고 있었나 보다. 결국 대학에 들어가 컴퓨터 공학을 전공했고, 졸업 후에는 삼성전자에 연구원으로 입사했다. 처음에는 '연구원 생활이 재미없으면 어쩌나?' 걱정했지만, 오히려 인공지능(AI)에 흥미를 느껴 "좀 더 공부해 보고 싶다" 며 서울대학교 대학원에 진학한 것이다. 중학교 2학년 때 삭발까지 하며 자퇴를 선언하던 첫째가, 이제는 밤 늦게까지 연구실에 남아 논문을 읽고 새로운 모델을 설계하는 학자형 인재가 되어 있었다.

이 여정을 곁에서 지켜본 부모로서, 나 역시 많은 것을 배웠다. 우선 '자녀의 결정'을 무조건 반대하거나 무시하기보다는, 그들이 느끼는 고민의 본질을 파악하는 태도가 중요하다는 것이다. 첫째가 자퇴를 말했을 때, 처음에는 '말도 안 돼, 절대 안 돼!'라고만 생각했지만, 막상 이야기를 들어 보니 학업 성적에 대한 압박감과 소통 문제, 완벽주의적 성향의 불안 등이 복합적으로 작용한 결과였다. 이걸 모르고 단순히 '학교는 무조건 다녀야 해!'라고 강요했다면, 첫째는 더욱 마음의 문을 닫아 버렸을지 모른다.

또한 '부모의 적절한 개입'이 얼마나 큰 변화를 만들어 내는지도 절감했다. 첫째를 자퇴 후 그대로 방치했다면, 스스로 나아갈 길을 찾기도 전에 지쳐 나가떨어졌을지도 모른다. 하지만 유학이라는 카드와, 영어 개인 과외, 그리고 학습 습관 잡기 등 나름의 지원이 더해지자 첫째는 그 길 위에서 자기만의 속도로 성장해 나갔다. 영어라는 큰 장벽도 결국은 '내가 더 잘해 보겠다'는 첫째의 의지로 조금씩 허물어졌고, 성적이 아니라 '내가 뭘 좋아하고, 어떻게 하면 더 잘할 수 있는지'를 탐구하는 태도를 자연스레 갖추게 되었다.

마지막으로, 이 모든 과정을 통해 깨달은 건 '자녀의 진짜 꿈은 부모가 미리 정해 줄 수 없다는 사실'이다. 중학교 시절에는 학교를 떠나려 했던 첫째가, 훗날 대학원에서 AI를 연구하게 될 줄 누가 알았겠는가? 첫째가 어린 시절 뛰어났다고 해서, 혹은 부모의 욕심으로 특정 학습 코스를 고집한다고 해서 그 길이 정답이 되는 건 아니다. 정작 첫째가 어떤 방향으로 나아갈지는 부모가 직접 개입하기보다, 첫째 스스로의 열정과 호기심에서 비롯된다는 걸 절감했다.

그렇다면 부모는 무엇을 해야 할까? 내 결론은 '경청하고, 함께 고민하며, 필요한 순간에만 도와주는 것'이다. 너무 늦거나 너무 빨라도 안 된다. 적절한 시점에 첫째가 넘어지지 않도록 손을 내밀되,

그 손을 첫째가 스스로 잡을지 말지는 존중해야 했다. 요컨대, "너를 믿는다"라는 메시지를 전달하면서도 "이 길도 있어, 네가 선택해 볼래?"라고 부드럽게 제안하는 태도가 필요하다.

　나는 아직도 가끔 첫째에게 "자퇴한 거, 후회 안 하니?"라고 장난 삼아 물어보곤 한다. 그럴 때마다 첫째는 "그때가 없었다면 지금의 내가 없지"라며 웃는다. 자퇴란 선택이 쉽지도 않았고, 후회도 있었지만, 결과적으로는 새로운 도전을 시작하는 계기가 되었다. 그리고 영어를 못했던 문제도, 오히려 해외에서 다양한 사람들을 만나며 극복했고, 지금은 글로벌 팀과 협업하며 AI 연구를 진행하는 자산이 됐다. 위기처럼 보였던 상황이 결과적으로는 첫째를 더 크게 성장시키는 원동력이 된 셈이다.

　돌이켜 보면, "엄마, 나 자퇴할 거야!"라는 그 말이 우리 가족에게는 하나의 전환점이었다. 나 역시 '과연 어떻게 해야 옳을까?' 하는 수많은 질문에 맞닥뜨렸고, 그 질문들을 조금씩 풀어 가며 부모로서 한 단계 더 성숙해졌다. 무엇보다 이 모든 과정을 통해 '자녀를 믿고 기다려 주는 것'이 얼마나 중요한지 배웠다. 때론 충격적이고 예상치 못한 선택을 하더라도, 아이가 더 나은 미래로 가는 길을 찾아낼 수 있도록 기회를 열어 주는 것—그것이 부모 역할의 핵심이라는 생각이 든다.

　과거에는 한낱 문제아처럼 보일 수 있었던 자퇴 선언이, 결국은 자신이 진정으로 하고 싶은 공부를 찾게 해 준 첫걸음이 됐다. 세

　　　　　　　　22년차 학원장이 알려주는 입시 영어 로드맵

상에 완벽한 교육이 어디 있을까. 그저 우리 자녀에게 맞는 길을 찾고, 그 아이가 그 길에서 넘어지지 않고 다시 일어날 수 있도록 곁에서 응원해 주는 것이 부모가 할 수 있는 최선임을 다시금 깨닫는다.

학습 부진아에서
수학 박사로 대학강단에 서다

한국에서 지내던 어린 시절, 둘째는 늘 학업에 어려움을 겪었다. 받아쓰기 시험을 치르면 0점이나 40점을 받기 일쑤였고, 가끔 80점을 받는 정도가 최선이었다. "초등학교 때는 조금 못해도 괜찮아"라고 안심시키곤 했지만, 둘째 입장에서는 '나는 왜 이렇게 부족할까?'라는 생각이 사라지지 않았다. 특히 친구들이 문제없이 책을 읽는 모습을 보면, 자신이 뒤처지는 기분이 들어 더욱 초조해졌다. 이 시절부터 둘째는 공부에 대한 열등감과 자존감이 낮아지고, 이는 훗날까지 영향을 미치게 되었다.

초등학교 2학년이 채 끝나기도 전에 미국으로 건너가게 되면서 문제는 더 복잡해졌다. 둘째가 알파벳도 제대로 모르는 상태였는

데, 학교에서는 원어민 선생님과 영어 수업이 일상적으로 진행됐다. 수업 내용을 이해하지 못하니 교과서는 물론, 일상 대화에도 자신감을 잃어 갔다. 당시 부모로서 아이가 편안하게 느끼도록 격려하고 지켜봐 주는 것이 최선이라 믿었다. 첫째가 사교육 없이도 잘해냈으니 둘째도 시간이 지나면 어느 정도 따라올 것이라 생각했지만, 둘째에게 필요한 건 오히려 꾸준한 개입과 기초부터 다져 주는 구체적인 학습이었다. 그 사실을 뒤늦게 깨닫고 한글과 알파벳을 동시에 다루는 '파닉스(Phonics)'와 낭독, 짧은 글을 함께 읽고 책을 읽는 방식으로 조금씩 도움을 주기 시작했다. 둘째는 자신의 속도로 천천히 기초를 익히면서, '나는 안 된다'고 믿던 장벽을 낮춰 나갔다.

중학교를 거쳐 고등학교에 입학할 무렵, 둘째는 미국의 한 사립 기숙학교로 진학했다. 낯선 환경에서 스스로 모든 것을 해결해야 하다 보니 처음에는 의기소침했지만, 오히려 기숙사 생활 덕분에 친구들과 더 가까워질 기회를 얻었다. 특히 수학 시간에 조금씩 흥미를 보이기 시작했다. 다른 과목 성적은 평균 수준을 맴돌았으나, 수학은 상대적으로 자신감을 느낀 것이다. 그러다 친구들이 과제나 시험 준비에 막히면 둘째를 찾아와 질문을 하기 시작했다. 둘째는 기숙사 방에서 선후배들의 문제를 함께 풀어 주고, 해법을 차근차근 설명했다. 처음엔 단순한 호의였지만, 학교 측에서 이를 '학생 튜터'로 인정해 주어 용돈을 벌 수 있게 되었다. 누군가에게 지식을 가르치고 도움을 주면서, 둘째 스스로 "어, 내가 그래도 이건 잘할 수 있구나"라는 성취감을 느꼈다. 이 작은 변화가 둘째에게는 '나도 쓸모 있는 존재다'라는 자신감을 심어 준 결정적 계기가 되었다.

그러나 진정한 '공부의 즐거움'을 깨닫게 된 전환점은 뜻밖에도 한 권의 책이었다. 둘째가 고등학교 1학년 과정을 마친 뒤 서점을 둘러보다가 우연히 집어 든 것이 '페르마의 마지막 정리(Fermat's Last Theorem)'에 관한 책이었다. 350년 동안 풀리지 않았던 수학의 난제를 둘러싼 역사와 수학자들의 고군분투 이야기는, 둘째에게 전혀 다른 세상을 보여 주었다. 예전에는 수학을 그저 정해진 공식을 적용해 답을 도출하는 과목으로만 여겼는데, 이 책을 통해 수학이라는 학문이 '인간의 논리와 사고에 대한 끝없는 탐구'라는 사실을 알게 된 것이다.

둘째는 책장을 덮자마자 "이 문제를 해결한 사람들이 어떤 생각과 과정을 거쳤는지 진짜로 알고 싶다"라는 열망을 느꼈다고 말했다. 문제를 둘러싼 방대한 자료가 대부분 영어로 되어 있다는 사실이, 오히려 둘째의 동기를 부추겼다. '영어를 더 잘해야만 이 논문과 해설을 온전히 이해할 수 있구나. 수학을 더 깊이 공부해야 이 증명의 흐름을 따를 수 있구나.' 이렇게 절실 해지니, 그간 느슨했던 학습 태도가 달라졌다. 둘째는 제대로 된 목표가 생기자 영어와 수학에 몰두하기 시작했다.

대학교 입학 과정에서도 나는 꽤 조바심을 냈다. 과거의 둘째가 워낙 '학습 부진아'라는 인식이 강했기 때문에, 주립대 한 곳이라도 합격하면 다행이라고 생각하고 있었다. 그런데 둘째는 정작 그 중 한 학교(조지아 주립대)에 토네이도가 불어 지원하지 못했고, 나는 "어떻게 이럴 수 있냐"라며 30분 넘게 전화로 몰아세웠다. 다그침이 거의 끝날 무렵, 둘째가 조용히 "UCLA랑 Boston College에서 이미 합격 통보를 받았다"라는 말을 듣고, 나는 말 그대로 할 말을 잃었다. 그저 둘째를 과소평가했던 것이 너무 미안했다.

UCLA에 진학한 둘째는, 세계적으로 손꼽히는 수학과에서 우등생(Honors)으로 졸업했다. 특히 명성 높은 교수들과 1:1로 배우고 토론하며 수학의 매력에 더욱 깊이 빠졌다. 학부 시절에만 그친 것이 아니라, 이어서 메릴랜드 대학 석·박사 통합 과정에 전액 장학금(Full Scholarship)으로 입학해 본격적인 연구 활동을 시작했다. 둘째가 한때는 알파벳조차 제대로 익히지 못했던 '학습 부진아'였다는 사실을 떠올리면, 이 결과는 누구도 예측하지 못한 놀라운 반전이었다. 박사 학위를 받은 둘째는 현재 대학 강단에 서서, 자신이 사랑하는 수학을 학생들에게 가르치고 있다.

결국 둘째의 여정은 처음엔 공부를 잘하지 못했던 아이가, 어떻게 자존감과 흥미를 찾아 꿈을 이루게 되는지에 대한 살아 있는 사례다. 부모로서 사랑만 주는 것만으로는 부족하다는 사실을 배웠고 상황과 성향에 맞춰 적절한 도움을 주고, 목표를 설정하고, 기초부터 탄탄히 다져 나가도록 독려하는 과정이 필요했다.

돌이켜 보면, 둘째가 자신을 학습 부진아라 여기던 시절과 지금의 모습은 완전히 다른 사람 같다. 하지만 모든 과정을 관통하는 한 가지 진실이 있다면, 가능성은 결국 둘째 안에 있었다는 점이다. 부모나 선생님이 그것을 제때 알아봐 주느냐, 그리고 적절한 시기에 '이 길도 있다'며 조언하고 방향을 잡아 주느냐가 학습 부진이라는 낙인을 지우는 첫걸음이 된다. 둘째가 직접 증명해 낸 이 사실은, 단 하나의 조언으로 요약될 수 있을 것이다.

　　결코 아이의 잠재력을 미리 제한하지 말라.

부모의 적절한 개입의 중요성

아이를 키우다 보면 "어떻게 하면 이 아이가 즐겁게, 또 효과적으로 배울 수 있을까?"라는 질문을 수없이 던지게 된다. 그런데 흔히 놓치기 쉬운 사실이 있다. 모든 아이에게 '똑같은 학습 방식'을 적용할 수 없다는 점이다. 첫째는 자신의 능력보다 조금 높은 목표를 이룰 때 의욕을 얻고, 둘째는 안정감을 주는 반복 연습을 통해 자신감을 키웠다. 결국 부모가 알아야 할 핵심은, "아이마다 배우는 속도와 선호하는 학습 과정이 다르다"는 것이며, 그것을 파악해 주는 일 이야말로 부모의 '적절한 개입'을 실현하는 출발점이 된다.

첫째는 어려운 문제를 만났을 때 오히려 눈을 반짝였다. 지루하게 느껴질 정도로 반복되는 과제는 금세 흥미를 잃지만, 스스로

"이건 만만치 않아 보이는데?"라고 느낀 순간부터 그 과제에 몰입하기 시작한다. 깊이 파고드는 과정에서 성취감을 얻고, 궁금증이 해소될 때까지 탐구하는 것이 즐겁다. 이런 첫째에게 매번 똑같은 유형의 문제만 계속 주어지면, 본인이 가진 도전 정신이 무뎌 버릴 수 있다. 반대로, 난도가 높은 과제를 적절히 제시해 준다면 스스로 확장된 사고를 경험하며 한층 더 성장할 가능성이 크다.

둘째는 완전히 다른 식으로 학습에 접근한다. 무리한 도전을 하면 금세 포기해 버릴 위험이 크다. 자신의 속도에 맞춰 '할 수 있다'고 느낀 과제를 반복해서 풀어 보며 차근차근 실력을 쌓는 것을 선호한다. 큰 점프를 시도하기보다, 작은 성공을 반복해서 경험하면서 자존감을 높이고, "나는 조금씩 더 나아지는 중이야"라는 믿음을 쌓아 가는 것이다. 이런 둘째에게는 무엇보다 "천천히 배워도 괜찮다"는 부모의 인정과 함께, 단계적으로 난도를 올리는 학습 환경이 필요하다. 성급히 "너도 높은 산에 올라 봐!"라고 재촉하면, 오히려 위축되어 발전 가능성을 스스로 닫아 버릴 수도 있다.

이렇게 두 아이에게 맞는 학습 방식을 찾아, 결국에는 원하는 결과를 각자 이끌어 낼 수 있었다. 첫째는 어려운 과제에서 활력을 얻으며 성취감을 느끼고, 둘째는 조금씩 확장된 연습 과정을 통해 자신감을 키웠다. 사실 둘 다 자신이 편안하게 느끼는 영역을 넘어설 때 가장 큰 도약을 하게 되었다. 다만 그 '넘어서는 방식'이 전혀 다를 뿐이다. 첫째는 갑작스러운 난관을 돌파하며 기쁨을 얻고, 둘째는 작은 디딤돌을 밟아 하나씩 올라가며 안정감을 느낀다. 부모로서는 "첫째에게 통했던 방식이 둘째에게도 먹히겠지?"라고 생각하기 쉽지만, 현실은 정반대일 가능성이 높다. 한 아이에게 효과적이던 방법이 다른 아이를 지치게 만들거나, 반대로 "안정적 방식"이라고 생각했던 것이 또 다른 아이의 흥미를 꺾는 경우도 적지 않다.

그렇다면, "부모가 언제, 어디까지 개입해야 할까?"라는 질문이 자연스레 따라온다. 너무 깊이 관여하다 보면, 아이는 자기만의 학습 동기를 발견하기 전에 부모의 기대치에 짓눌릴 수 있다. 반면, 방치에 가까운 태도를 취하면, 도움이나 조언이 꼭 필요한 시점을 놓쳐 버릴 위험이 크다. 그래서 '적절한 개입'이 중요하다. 첫째의 도전 정신을 꺾지 않으면서도, 둘째가 자신감을 잃지 않도록 돕는 일은 쉽지 않지만, 아이가 스스로 성취감을 얻도록 환경을 마련해 주고, 힘든 순간에는 기댈 수 있는 버팀목이 되어 주는 것이다.

사실 여기에는 부모의 욕심이 크게 개입하기도 한다. 내 아이가 좀 더 빨리, 혹은 좀 더 높은 수준에 도달하길 바라는 마음은 누구나 갖기 마련이다. 그러나 이 욕심이 지나치면, 첫째의 자유로운 탐구를 저해하거나 둘째가 천천히 쌓아 가는 과정을 무시하게 될 수 있다. 수많은 이론과 연구에서 "아이마다 학습 양식이 다르고, 개별 차를 존중해야 한다"고 말한다. 이 '아이의 개별성'을 부모가 받아들이지 못하면, 결국 아이는 '부모의 욕심'에 끌려 다니며 배움의 즐거움을 잃게 된다.

그렇다면 균형은 어떻게 잡을 수 있을까? 결론은 의외로 단순하다. 우선, 첫째가 어려운 과제에 의욕을 느끼는지, 둘째가 반복 연습을 통해 안정을 얻는지 등, 두 아이가 각각 어떤 반응을 보이는지 세심히 살펴야 한다. 둘째에게 너무 어려운 문제를 강요하거나, 첫째에게 너무 쉬운 문제만 던져 주면 안 된다는 뜻이다. 또 두 아이 모두 성장함에 따라 학습 방식이 조금씩 바뀔 수 있다는 점도 기억해야 한다. 한때 반복을 좋아하던 둘째가 나중에는 도전을 즐기게 될 수도 있고, 도전적인 아이였던 첫째가 어느 순간 안정성을 더 원할 수도 있다.

결국, 첫째와 둘째가 각자 원하는 결과를 성취한 것은, 그 성향을 존중하고 그에 맞는 환경을 제공했을 때 가능했다. 어려운 문제에 도전하는 첫째는 스스로 확장된 사고를 맛보며 학문의 깊이를 발견했고, 반복으로 자신감을 키워 나가던 둘째는 꾸준히 실력을 다져 어느 순간 더 큰 도전에 도전할 준비를 마쳤다. 아이들은 이렇게 서로 다른 길을 걸었지만, 모두 '자신의 방식으로 배우는 즐거움'을 잃지 않았다. 그리고 부모로서 역할은 "아이의 배움에 무조건 끼어드는 것"도, "그냥 모든 걸 맡기는 것"도 아니었다. 오히려 "필요할 때 적절한 도움을 주고, 아이가 스스로 확신을 가질 수 있도록 이끄는 일"이 핵심이었다.

이것이 바로 부모의 적절한 개입이다. 언제나 아이를 주시하고, 힘든 순간에는 손을 내밀고, 너무 쉽거나 너무 어려운 문턱을 피해서 아이가 한 단계씩 올라가도록 돕는 것. 그 과정에서 아이의 속도와 성향을 무시하고 부모의 욕심이 앞서 버리면, 아이는 오히려 성장의 기회를 놓치게 된다. 결국 두 아이가 보여 준 상반된 성향과 성공 스토리는, "아이마다 학습 스타일이 다르다는 점을 인정하고, 그에 맞춰 적절히 개입해야 한다"는 사실을 증명해 준다.

아이들은 각자 원하는 결과를 이미 이뤄 냈다. 첫째는 어려운 문제 앞에서 스스로 한계를 뛰어넘었고, 둘째는 반복과 꾸준함으로 자신의 가능성을 확장해 냈다. 부모로서 가장 중요한 일은, 이 두 가지 방향 중 어느 한쪽을 '옳다'고 단정 지어 아이에게 강요하지 않는 것이다. 어떤 길을 택하든, 아이가 '나에게 맞는 학습 방식'을 인정받고 있다는 확신을 가질 때, 진짜 성장과 즐거움이 시작된다. 그리고 그것이야 말로, 부모가 줄 수 있는 최고의 선물이 아닐까 싶다.

2부

개정 교육 과정

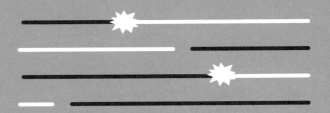

22년차 학원장이 알려주는 **입시 영어 로드맵**

2022 개정 교육과정의
핵심 변화

2022 개정 교육과정에서 가장 주목할 만한 변화는 영어가 더 이상 시험지 안에 갇힌 과목이 아니라, 실생활에서 유용하게 쓰이는 '언어'라는 점을 강조한다는 것이다. 이전에는 문법 규칙이나 독해 문제를 풀기 위해 다소 딱딱하고 단조로운 방식으로 영어를 학습했다면, 이제는 아이들이 듣고, 말하고, 읽고, 쓰는 과정을 통해 "영어라는 도구가 정말 쓸모 있구나"라는 깨달음을 얻도록 하는 것이 핵심이다. 교육과정은 듣기·말하기·읽기·쓰기를 고루 강화하고, 문법 지식을 이 과정에 자연스럽게 녹여내도록 설계되었다.

이 변화는 구체적인 사례로 실감할 수 있다. 이전에는 여행과 관련된 영어 표현을 배울 때 "다음 빈칸에 해당하는 단어를 쓰세요"

같은 문제를 풀었다면, 이제는 "가족 여행을 계획하고 영어로 일정표를 작성해 보세요"라는 과제가 주어진다. 아이들은 예약 이메일을 작성하거나, 가고 싶은 장소를 영어로 설명하고, 해당 지역의 맛집을 영어로 소개하는 방법을 고민하면서 자연스럽게 영문 독해와 어휘 활용, 쓰기 능력을 함께 기른다. 단순히 시험을 위해 외운 표현을 잊어버리는 것이 아니라, 자신이 무언가를 직접 만들어 냈다는 성취감을 얻을 수 있다는 점에서 큰 의미가 있다.

듣기와 말하기에서도 큰 변화가 있다. 예전에는 듣기 시험 지문을 반복해서 듣고 답을 맞히는 방식이 일반적이었다면, 이제는 관심 있는 주제의 영상을 보고 요점을 영어로 정리하거나, 짧은 다큐를 시청한 후 친구와 토론하는 활동이 늘어날 전망이다. 단순히 "들린 단어가 무엇인지" 묻는 대신, 영상 속 문제를 해결하는 방법을 영어로 논의하게 함으로써 사고력과 의사소통 능력을 함께 키우는 데 중점을 둔다. 예를 들어, 환경오염에 관한 유튜브 영상을 본 후 "어떤 방법으로 이 문제를 해결할 수 있을까?"를 영어로 발표하는 식이다. 아이들은 스스로 자료를 찾아 학습을 심화하며, 단어 암기나 문법 학습에 대한 부담보다는 "내 메시지를 어떻게 효과적으로 표현할까?"에 더 집중하게 된다.

읽기 분야 역시 단순히 정보를 얻기 위한 수준을 넘어, 비판적으로 내용을 해석하거나 필자의 관점을 파악하는 훈련에 초점이 맞춰졌다. 예를 들어, 뉴스 기사나 칼럼을 읽고 "글쓴이가 가장 강조하고 싶은 메시지는 무엇인가?"를 찾아내거나, "글 속에 담긴 숨은 의도는 무엇일까?"를 추론하게 하는 식이다. 또한 전자책, 웹툰 등 디지털 콘텐츠를 영어로 감상하며 다양한 텍스트 유형을 접하게 된다. 이런 경험은 아이들에게 "영어 독해가 꼭 교과서 지문에만 국한되지 않는다"는 깨달음을 준다.

　문법 학습도 단순 암기를 넘어, 실생활에서 바로 활용할 수 있도록 재설계되었다. 예를 들어, 시제를 배울 때 "오늘 하루 내가 한 일을 과거형으로 적어 보고, 내일 할 일을 미래형으로 써 보자"는 활동을 통해, 문법이 자신의 생활을 표현하는 데 필요하다는 점을 느끼게 한다. 의미 있는 맥락을 부여하면, 문법 규칙이 더 오래 기억에 남는 효과도 있다. 일부 학교에서는 학생들이 친구들에게 전할 편지나 감사 카드를 영어로 작성하도록 하고, 그 안에서 시제와 조동사를 적절히 활용하는지를 평가하기도 한다. 이를 통해 학생들은 문법이 정확한 표현을 위한 도구라는 사실을 자연스럽게 익혀 간다.

　또 하나 주목할 변화는 디지털 교과서와 AI 학습 도구의 도입이다. 요즘 아이들은 스마트폰이나 태블릿 같은 기기를 익숙하게 다루기 때문에, 교실 수업에서도 디지털 매체를 적극적으로 활용하기 시작했다. 예를 들어, 디지털 교과서 앱에서는 교과서 지문 뿐만 아니라 관련 영상과 퀴즈를 함께 제공한다. 학생이 퀴즈를 풀면 AI가 부족한 영역을 분석해 "이 부분을 복습해 보자" 라고 제안한다.

또한 교사가 일괄적으로 진도를 나가는 대신, 학생별로 필요한 문법 설명이나 보충 자료를 개별 제공하기도 한다. 이런 '맞춤형 학습' 덕분에 학습 속도가 빠른 학생이든 느린 학생이든 자신만의 리듬대로 영어를 익힐 수 있게 된다.

물론 이런 변화가 모두에게 쉽게 받아들여지는 것은 아니다. 학부모들은 "우리 아이가 이런 변화에 잘 적응할 수 있을까?"라는 걱정을 할 수 있다. 그러나 이번 교육과정의 핵심은 시험 문제를 맞히는 데 초점을 맞추기보다, 아이들이 영어를 통해 재미와 의미를 느끼도록 돕는 것이다. 친구들과 프로젝트를 완수하거나, 해외 문화와 연결된 자료를 찾고 의견을 나누는 활동을 통해 아이들은 영어를 새로운 시각으로 받아들이게 된다. 교사들도 다양한 교수법을 활용하며, 과정 중심 평가를 통해 아이들이 수업에 더 적극적으로 참여하도록 유도하고 있다.

디지털 기기를 활용한 학습은 많은 장점을 지니고 있지만, 동시에 주의가 산만해질 가능성이나 정보 과부하로 인한 피로감, 그리고 AI 추천의 부정확성 같은 한계점도 존재한다. 특히 계획적으로 학습하지 못하는 학생들에게는 오히려 혼란을 줄 우려도 있다. 이러한 문제점을 보완하려면 교사와 학부모가 기술 활용을 적절히 조율하며, 학생들이 올바르게 학습 방향을 잡도록 도와야 한다.

결론적으로, 2022 개정 교육과정의 핵심은 영어를 시험 과목이 아닌 삶의 일부로 받아들이게 하는 데 있다. 듣기, 말하기, 읽기, 쓰기, 문법을 익히는 모든 활동은 "이 영어가 아이의 실제 생활에서 어떻게 활용될까?"를 고민하며 설계되었다는 점에서 큰 의의를 지닌다. 교실 밖에서도 디지털 도구와 AI를 활용해 누구나 재미있게 학습할 수 있는 환경이 마련된 점은 매우 반가운 변화다. 영어가 아이들에게 "괴로운 시험 과목"이 아닌 "새로운 세상을 보여 주는 친구"가 될 수 있도록, 우리 모두가 이 변화를 유연하게 받아들이고 응원해야 할 때다.

초등학교에서
달라진 점

초등학교 영어는 이제 단순히 알파벳을 외우거나 노래를 부르는 활동에서 벗어나, 실제 생활과 밀접하게 연결된 언어 경험으로 바뀌고 있다. 한편으로는 아이들이 자연스럽게 영어를 익히도록 재미 요소를 살리면서, 다른 한편으로는 중학교나 고등학교에서 어려운 문법과 긴 지문을 접할 때 당황하지 않도록 기초를 탄탄히 다지는 것이 2022 개정 교육과정의 핵심이다.

예전에는 초등학교 영어 수업이 주로 알파벳과 몇몇 기초 단어를 암기하고, 교실에서 율동이나 게임을 곁들이는 방식에 그쳤다. 물론 그 덕분에 영어가 '재밌다'는 인상을 줄 수는 있었지만, "그래서 이걸 어디에 써먹지?"라는 의문이 남기 일쑤였다. 이제 수업 설계 자체가 바뀌었다. 간단한 단어를 외우고 짧은 문장으로 간단한 대화를 학습하는데 그쳤다면 이제, 실제 생활에서 쓸 만한 문장을 직접 만들어 보도록 지도한다. 예컨대 "I can jump." "I can run fast." 같은 문장을 초등 저학년이라도 가볍게 써 보게 하면, 아이들은 암기된 단어가 금세 사라지지 않고, 실제 자기 삶을 표현하는 '도구'로 사용할 수 있다는 것 을 깨닫게 된다.

이런 변화를 가장 잘 보여 주는 활동 중 하나가 초등학교 4학년의 '가상 상점' 역할극이다. 교실 한쪽을 작은 상점처럼 꾸며 놓고, 학생들이 구매자와 점원 역할을 번갈아 가며 영어로 대화를 주고받는다. "How much is it?" "It's three dollars."처럼 짧은 표현이라도, 교실 밖 실제 매장에서 곧장 써먹을 만한 내용이어서 아이들이 흥미를 느낀다. 수업이 끝난 뒤, 어떤 아이는 실제 편의점이나 마트에서 부모에게 "나 영어로 주문해 볼까!"라고 도전해 볼 수도 있다. 그 순간 영어는 점차 시험지의 문제나 CD 속 음원이 아니라, 일상에서 자연스럽게 꺼내 쓰는 언어로 변신한다.

이렇게 말하기와 듣기 영역이 과거의 노래나 게임 중심에서 실제 대화 훈련 중심으로 무게를 옮겼다면, 읽기와 쓰기도 훨씬 생생한 과제로 다가온다. 초등 5~6학년 정도 되면 그림이나 도표를 활용해, 실제로 정보를 찾아서 정리해 보는 활동이 늘어난다. 예를 들어 도표에 동물들의 특징이 간단히 영어로 쓰여 있으면, 이를 근거로 "Giraffes live in Africa. They eat leaves from tall trees."

같은 문장을 만들어 친구들에게 발표해 보게 한다. 이렇게 글을 읽고, 이해한 내용을 간단한 문장으로 옮기고, 발표까지 해 봄으로써 아이들은 "영어를 통해 내가 무언가를 찾아내고 설명할 수 있구나"라는 자신감을 얻게 된다.

문법 역시 과거처럼 복잡한 규칙 암기에 치우치지 않고, 일상 표현 안에서 간단한 패턴을 익히는 방향으로 도입한다. 과거·현재 시제나 소유격, 복수형 정도의 기초 요소를 일상에서 자주 쓰는 짧은 문장으로 연습해 보는 것이다. 예를 들어 "I played soccer on Monday."처럼 하루 일과를 영어로 적어 보는 주간 일기 활동을 한다면, 과거 시제를 눈으로만 외우는 게 아니라 스스로 적용해 보는 경험을 쌓는다. 이때 선생님이 가볍게 피드백을 해 주면 아이들은 문법이 "쓸 데가 있는 기술"이라는 사실을 자연스럽게 체득한다.

디지털 교과서나 학습 앱의 도입도 빼놓을 수 없다. 초등학생들이 이미 스마트폰과 태블릿에 익숙한 만큼, 이를 학습에도 적극 활용함으로써 지루함을 줄이고 몰입도를 높이고자 하는 것이다. 어떤 아이는 그림책 대신 태블릿으로 영어 동화책을 보고, 다 읽고 난 뒤 AI가 제공하는 간단한 퀴즈나 쓰기 연습을 할 수도 있다. 누군가는 발음 교정 앱을 통해 반복 학습을 즐기듯이 할 수도 있다. 이런 디지털 환경은 집중력이 길지 않은 초등학생들에게 최적화된 방식으로, 게임 요소까지 가미해 영어를 친근하게 접하도록 돕는다.

부모 역시 아이들이 이렇게 바뀐 초등 영어 수업을 잘 받아들이도록 작은 도움을 줄 수 있다. 예컨대 식사나 외출 등 생활 속에서, "오늘은 어떤 영어 표현을 배웠어? 라며 가볍게 물어보거나, 아이가 수업 시간에 만든 문장이나 카드 같은 결과물을 칭찬해 주고, "이 문장을 다른 상황에서도 쓸 수 있을까?"라며 함께 상상해 보게 할 수 있다. 굳이 공부하라고 몰아붙이기보다, "영어가 일상에서도 통하네?"라는 발견에 부모가 함께 기뻐해 주는 것이 아이들에게는 큰 동기가 된다.

흥미로운 점은, 이렇게 초등학교 시절부터 영어를 경험하는 아이들은 중학교나 고등학교 단계에서 더 깊고 복잡한 내용을 배우게 될 때에도 좀 더 편안함을 느낀다는 사실이다. 왜냐하면 이미 "영어를 써먹을 수 있는 언어"로 받아들였기 때문이다. 즉, 영어가 막연하게 겁나는 존재가 아니라, "나도 할 수 있고, 실제로 해 봤던" 언어라는 자신감이 기본적으로 자리 잡는 것이다. 이런 자신감이 계속 쌓이다 보면, 나중에 더 난이도 높은 독해나 쓰기를 만나도 좌절하기보다는 "조금 어려워졌네? 그렇지만 해 보자"라는 태도를 보이게 된다.

학부모들에게는 변화된 교실 환경을 한 번쯤 구체적으로 들여다보길 권한다. 아이가 수업 시간을 얼마나 즐거워하는지, 집에 와서 어떤 영어 표현을 흥미로워 하는지, 디지털 교과서나 앱을 사용해 어떤 활동을 했는지 대화를 나누다 보면, 예전과는 확실히 다른 접근이 이루어지고 있음을 실감하게 될 것이다. 그리고 그럼에도 "아직 기초가 부족한 것 같다" 라고 느낀다면, 집에서 함께 영어 일기를 써 보거나, 마트나 식당에서 간단한 영어 표현을 시도하는 놀이를 곁들이면 도움이 된다.

결국 초등학교에서 달라진 영어 수업은 "오늘도 내가 만든 영어 문장을 친구들 앞에서 말해 봤어!"라는 작은 설렘과 성취감을 느끼도록 돕는다. 바로 그 설렘이 축적되어, 중학교 이후 어려운 문법이나 긴 독해 지문을 만났을 때도 "그래도 영어가 재밌던 언어였지!" 라고 회상하며 한 걸음 더 나아가게 해 주는 힘이 될 것이다. 그리고 그것 이야말로 2022 개정 교육과정이 바라는 초등영어의 진정한 변화, 곧 언어로서 영어를 아이들이 몸 속 깊이 받아들이게 하는 비결이라고 할 수 있다.

중학교에서
달라진 점

중학교 영어가 달라졌다는 사실을 들으면, 많은 학부모들이 "이제는 좀 더 문법이나 독해가 빡세진다는 뜻인가?" 하고 먼저 떠올릴지도 모르겠다. 물론 중학교에 올라가면 단어와 문장 구조가 한층 복잡해지는 건 사실이다. 하지만 2022 개정 교육과정이 보여주는 변화는 단지 난이도 상승에 그치지 않는다. 오히려 영어가 실생활에서 의사소통 언어라는 점에 더욱 집중하면서, 아이들이 스스로 탐구하고 의견을 펼칠 기회를 많이 갖도록 설계되었다는 게 중학교 영어의 새로운 풍경이다.

예컨대 중학교 1학년 교실에서 요즘 흔히 볼 수 있는 수업 사례가 '주제 중심 대화 연습'이다. 전에는 교과서 속 짧은 대화를 무작정 암기하거나, 듣기 자료를 반복 재생해 문제를 푸는 식이었다면, 이제는 특정 주제를 정해 두고 아이들이 그걸 영어로 토론해 보는 식이다. "우리 학교 급식 메뉴 중에 무엇이 가장 필요한가?"라는 현실적인 주제부터, "환경 보호를 위해 학교에서 할 수 있는 일은 무엇인가?" 같은 약간은 추상적인 주제도 다룬다. 아이들은 교과서나 사전에 의존하기보다는, "내가 말하고 싶은 의견을 영어로 어떻게 표현하면 좋을까?"를 고민하며 어휘와 문장을 찾아 익힌다. 가령 "I think we should reduce plastic waste in the cafeteria" 같은 문장을 스스로 만들어 보며, "정말 쓸모 있는 말을 배웠다"는 만족감을 느낄 수 있다.

이런 식의 토론이나 대화 연습은 단순한 '말하기 훈련'만을 의미하지 않는다. 그 뒤에는 꼭 "핵심 내용을 간단히 요약해 보자"는 쓰기 활동이 따라오기도 하고, 토론에서 나온 아이디어를 다시 듣고 정리해 보는 듣기 훈련이 이어지기도 한다. 예를 들어 2학년들이 교실에서 "학교 규칙 중 무엇을 바꾸고 싶은가?"를 놓고 토론했다면, 교사가 이를 기록한 뒤 "그럼 이 내용을 우리만의 짧은 기사로 만들어 볼래?" 하고 제안한다. 아이들은 교실 신문을 영어로 만들어 친구들에게 배포하고, 그 신문을 함께 읽은 뒤에는 "어떤 의견이 가장 설득력 있었나?"를 이야기하며 말하기·듣기 능력까지 강화된다. 이 과정을 거치면 영어 수업은 어느새 '교과서 지문' 외에도 자신들이 직접 만들어 낸 텍스트로 넘쳐나게 된다.

독해 역시 큰 변화를 맞이했다. 중학교 영어에서 독해를 한다고 하면, 보통 지문을 빠르게 읽고 문제를 푸는 식이 떠오르지만, 이제는 지문이 훨씬 다양한 형태로 등장한다. 신문 기사나 짧은 인포그래픽, 웹툰 같은 디지털 콘텐츠도 수업 재료가 된다. 예를 들어 선생님이 "생활 속에서 불필요한 낭비를 줄이는 방법"을 주제로 한 SNS 포스팅(영어로 작성된 카드뉴스 같은 자료)을 제시하면, 아이들은 그 내용에서 핵심 단어나 문장을 찾아 스스로 필기를 한다. 그런 뒤 "이 글의 저자는 왜 이렇게 생각했을까?" "만약 내가 글쓴이라면 어떻게 표현했을까?"를 고민해 보고, 간단한 반박 글이나 추가 의견을 영어로 적는 식이다. 그러다 보면 자연스럽게 독해와 쓰기가 연결되고, 아이들은 "글 읽기가 곧 나만의 생각을 영어로 확장해 가는 과정"이라는 걸 체험한다.

한편, 문법을 대하는 태도도 초등학교 때와 확연히 달라진다. 이미 기초적인 시제나 복수형, 소유격 등을 조금씩 익힌 상태에서 중학교에 진학하기 때문에, 이젠 한층 심화된 구조를 다룰 수 있다. 그런데도 예전처럼 규칙을 무조건 암기하고 문제를 푸는 식이 아니라, 실제 문장 안에서 그 규칙이 어떤 의미를 갖는지 중점적으로 살핀다. 예를 들어 "수동태"를 배울 때, 교실에서는 "농산물은 어떻게 생산되고, 가공되어, 우리 식탁에 이르게 되는가?"라는 짧은 영상을 보고 "The crops are harvested by farmers"라는 문장을 스스로 만들어 보는 식으로 진행한다. 이렇게 영상이나 토론과 결합하면, 문법 구조가 뜬금없이 튀어나오는 게 아니라 필요한 맥락에서 자연스럽게 익혀진다.

중학교 교실에서 자주 도입되는 '프로젝트 수업'도 눈여겨볼 만하다. 어떤 학교에서는 "다음 주에 교내 바자회가 열릴 건데, 이를 홍보하는 포스터를 영어로 만들어보자"라는 과제를 낸다. 학생들은 포스터에 들어갈 문장을 직접 고민하고, 디자인을 맡은 친구와 협업하면서 "홍보문구에, 좀 더 설득력 있는 표현을 써야겠다"는 식으로 언어 활용력을 기른다. 동시에, "어휘나 문장을 찾아볼 땐 교과서 뿐 아니라 웹사전이나 AI 도움을 받아도 된다"는 식으로 자유로운 자료 활용을 장려하기도 한다. 아이들은 구글 번역기나 사전을 함께 활용하며 "이 표현이 적절한지" 서로 검토하고, 그렇게 완성된 포스터를 복도에 붙인다. 그 모습을 본 다른 학년 학생들이 "오, 이건 무슨 뜻이야?"라고 물으면, 포스터를 만든 학생이 또 영어로 설명해 주는 식으로 말하기 경험도 덤으로 챙길 수 있다.

이처럼 한 과제를 중심으로 읽기·쓰기·말하기·듣기를 모두 아우르는 경험은, 중학교 영어 수업의 큰 변화다. 과거에는 영역별로 쪼개져 있어서, 독해는 독해대로, 문법은 문법대로, 듣기는 듣기대로 따로 수업을 듣는 느낌이었다면, 이제는 하나의 흐름 안에서 자연스럽게 각 영역이 연결된다. 예컨대 토론하고(말하기·듣기), 그 내용을 정리해 글로 남기고(쓰기·독해), 필요한 문법 요소를 그때그때 짚어 간다. 그 덕분에 아이들은 "영어가 이렇게 한데 묶여 돌아가는 언어였구나” 하고 깨닫게 된다.

　학부모 입장에서는 “우리 아이가 과연 이런 활동에서 충분히 참여할 수 있을까?” 걱정이 될 수 있지만, 사실 아이들은 대체로 즐겁게 임하는 편이다. 왜냐하면, 이 모든 과정이 교사와 친구들 사이의 상호작용을 통해 이뤄지기 때문이다. 수업이 다소 어렵게 느껴지더라도, 나의 한 문장을 친구들이 관심 있게 들어주고, 선생님이 “이 표현 정말 잘 썼네!”라고 칭찬해 줄 때, 아이는 “영어로 말할 수 있구나”라는 자신감을 쌓는다. 그리고 그런 자신감은 곧 더 깊은 학습으로 이어진다.

　결론적으로, 중학교에서 달라진 영어 수업은 “시험 대비용 지식”을 넘어, 실제 상황에서 영어를 쓰고 생각하는 방법을 익히게 한다는 점에 방점이 찍혀 있다. 긴 지문이나 까다로운 문법도 여전히 배우지만, 그걸 굳이 땀 흘려 암기하기보다는 현실의 주제나 상황에 끌어들여 능동적으로 활용하는 훈련을 쌓는다. 그러다 보면 어느새 영어가 “소통과 사고의 도구”가 되어 있기 마련이고, 그것이 이후 고등학교나 입시, 혹은 더 먼 미래에서 아이에게 큰 자산이 될 것이다. 무엇보다, 매일 교실에서 일어나는 토론이나 프로젝트가 아이들에게 지적 즐거움을 주고, “이걸 영어로도 해낼 수 있네!” 하는 뿌듯함을 안겨 준다는 게 중학교 영어 수업이 정말 달라졌음을 실감하게 만드는 부분이다.

4장

고등학교에서
달라진 점

———————•

고등학교 영어라고 하면, 많은 사람들은 곧바로 "수능 준비"를 떠올린다. 그러나 2022 개정 교육과정에 따라 달라진 고등학교 영어 수업은 단순히 문제 풀이와 점수 상승에만 집중하지 않는다. 오히려 학생 개개인의 진로와 흥미에 맞춰 과목을 선택하고, 이를 통해 '영어를 도구 삼아 더 넓은 세상을 탐색하는 경험'을 쌓도록 돕는다는 점이 핵심이다. 이 말이 추상적으로 들릴 수 있지만, 실제 교실 현장을 보면 꽤 구체적인 사례들이 넘쳐난다.

먼저, 고등학교 1학년인 지민이의 이야기를 들어 보자. 그는 중학교 때부터 글쓰기에 흥미가 있어서, 고등학교 입학 후 "영어 작문" 관련 선택 과목을 신청했다. 보통이라면 다들 "수능 독해"나

"내신 문법" 같은 익숙한 영역을 찾지만, 이 과목에서는 간단한 에세이부터 시(詩)에 이르기까지 다양한 글을 영어로 써 보는 활동이 주를 이룬다. 처음에는 "이걸 내가 할 수 있을까?" 하고 두려워했지만, 몇 주가 지나자 지민이는 '내가 직접 쓴 글이 영어로 표현될 때 그 쾌감이 제법 크다'는 걸 알게 됐다. 선생님은 매주 한 편씩 주제를 던져 주고, 아이들이 서로 피드백을 주고받도록 유도한다. 예컨대 "가장 기억에 남는 어린 시절의 경험"이나 "사소하지만 감사했던 순간들" 같은 주제를 영어 에세이로 써 보고, 친구들끼리 조금씩 문장을 고쳐 주면서 자연스럽게 어휘와 표현 폭이 확장된다.

이런 식으로 학생들이 자발적으로 선택한 과목에서 영어를 탐구하다 보면, 영어가 입시용 교재에서만 만나는 지문이 아니라 자기 생각을 펼치는 매체로 인식되기 마련이다. 수업 내용도 마찬가지로 더 깊어져서, 단순한 "어휘 암기"가 아니라 "내가 말하려는 주제를 어떻게 구조화하고, 어떤 표현을 쓰면 가장 효과적일까?"를 스스로 고민하게 만든다. 지민이는 "내신 시험 대비가 조금 걱정되긴 하지만, 그래도 내 글을 영어로 쓰는 게 이렇게 흥미로울 줄 몰랐다" 라고 웃으며 말한다.

물론 입시 대비는 고등학교 생활에서 빼놓을 수 없는 큰 축이다. 하지만 2022 개정 교육과정에선 "입시 공부가 곧 실질적 영어 실력을 기르는 과정"이 되도록 유도한다. 예전처럼 문제집 몇 권을 반복해 풀면서 패턴을 외우기만 하는 게 아니라, 다양한 주제의 지문을 읽고(심지어 과학·역사·철학 등 다방면), 필요하다면 영상을 참고해 배경지식을 쌓도록 교사가 안내해 주기도 한다. 이를테면 수능 독해 지문에서 "양자역학 개념"이 등장하면, 교실에서 짧게 라도 관련 TED 영상을 함께 시청하고, 그 속에서 나온 표현들을 몇 개 뽑아 문장으로 만들어 보는 식이다. 그렇게 하면 아이들은 영어 공부가 아니라 새로운 지식을 영어로 탐색하는 시간으로 받아들이게 된다.

발표와 토론 능력을 기르는 과목도 고등학교의 새로운 풍경 중 하나다. 수업 이름부터 "영어 토론과 발표," "세계 문화와 영어" 등으로 제 각각인데, 공통점은 아이들이 직접 자료를 찾고, 정리하고, 이를 영어로 발표하는 과정에 방점을 찍는다는 것이다. 2학년 현우는 "미디어 영어" 선택 과목에서 유명 영화를 일부 발췌해 보고, 그 장면에서 쓰인 표현이 실제로는 어떤 맥락을 지니는지 분석하는 과제를 맡았다. 스크립트를 분석하며 배운 단어나 관용구를 자기식으로 각색해 영어 대본으로 발표하기도 한다. 가령 "주인공이 곤경에 빠져서 친구에게 도움을 청하는 장면"을 재 해석해, 우리 학교 환경에 맞춰 대사를 바꿔 보기도 한다. 이때 표현을 더 잘 찾기 위해 사전을 뒤지고, 친구들과 "이 말투는 너무 어색하니 이렇게 고쳐 보자"라고 논의하는 순간들이 곧 살아 있는 영어 학습이 된다.

한편, 실생활 영어 회화나 직무 영어 같은 과목을 들으며, 좀 더 실무적인 차원의 영어를 준비하기도 한다. 어떤 학생은 호텔·관광

업계에 관심이 많아서, 예약 전화 대응이나 고객 응대 표현 등을 배우면서 "내 미래 직업에도 도움이 될 것 같아"라고 만족감을 표한다. 예전이라면 이런 실무 영어를 대학에 들어가서나 본격적으로 접했겠 지만, 이제 고등학교 단계에서도 충분히 가능 해졌다. 이렇게 '진로 맞춤형' 영어 수업을 받으면, 아이들은 "내 관심사가 영어를 통해 더욱 넓어지고 있구나"라는 인식을 하게 된다.

물론, 중학생 때까지만 해도 잘 몰랐던 고난도 문법이나 긴 독해 지문을 여기서 본격적으로 소화해야 한다는 점에서, 많은 학생들이 부담을 느끼는 것도 사실이다. 하지만 개정 교육과정이 강조하는 디지털 교과서와 AI 학습 툴 덕분에, 이 부분도 많이 보완된다. 예컨대 모의고사 지문을 몇 문제 풀다가 막히면, 교사가 곧장 개인 태블릿으로 이 단락에 대한 보충 설명 자료를 열어 볼 수 있도록 안내해 준다. AI 플랫폼이 학생 개개인의 오답 패턴을 분석해, 필요한 구문이나 어휘를 추천해 주기도 한다. 이렇게 맞춤형 학습을 진행하다 보면 "나는 원래 긴 문장만 보면 포기해 버린다"는 식으로 스스로를 단정짓던 학생도 조금씩 "조금만 더 해 보면 되겠다"는 희망을 갖게 된다.

학부모들 입장에서는 "과연 이렇게 복잡하고 다양한 과목을 다 소화하다 보면, 정작 수능 준비는 제대로 될까?" 하는 의문을 품을 수 있다. 그러나 현실적으로, 심화된 영미 문학 읽기 든, 미디어 영어 든, 결과적으로는 복잡한 텍스트를 영어로 이해하고, 분석하며,

자기표현으로 이어 가는 과정을 반복하게 만든다. 수능 독해에서 요구하는 사고력도 결국 이런 반복 훈련에서 나오기 마련이다. 다만 예전처럼 모든 학생이 똑같은 교재로, 똑같은 문제 풀이에 매달리는 것과 비교하면, 훨씬 폭넓고 깊이 있는 영어 활용 능력을 얻게 되는 셈이다.

고등학생들에게 영어는 여전히 가장 까다로운 과목 중 하나일지 모른다. 그러나 2022 개정 교육과정이 보여 주는 메시지는 "반드시 어려울 필요는 없다. 너희의 관심사와 연결하면 충분히 재미있어질 수 있다"는 것이다. 누군가는 영미 문학 과목을 선택해 셰익스피어나 근 현대 작가들의 작품을 읽고 해석하면서 언어에 대한 감각을 키운다. 또 다른 누군가는 영화·드라마 대본을 활용해 명대사를 분석하고, '발표와 토론' 과목에서 그 대사를 활용해 스스로 쓴 대본을 공연 형식으로 선보인다. 그 모든 경험이 영어 실력을 넘어, 자기표현과 사고력, 창의성을 함께 길러 준다.

결국 달라진 고등학교 영어는 "입시 영어 = 문제 풀이"라는 틀에 갇혀 있지 않다. 수능도 중요하고, 내신도 중요하지만, 그 사이에서 학생이 진짜 즐길 수 있는 영역을 찾아 주고, 심지어 그 영역이 입시 준비에까지 도움이 되도록 설계했다는 점이 가장 큰 차별점이다. 교실에서 한 편의 에세이를 작성하거나 영상을 만들고, 이를 발표하는 과정에서 아이들은 "영어로 내가 정말 많은 것을 할 수 있구나"라는 자신감을 쌓는다. 그리고 그 자신감이 수능 문제 앞에서도 흔들리지 않는 바탕이 되어 주는 셈이다.

　학부모는 이 시기, 자녀가 관심 있게 선택한 영어 과목에 대해 어떤 활동을 하는지 귀 기울여 보길 권한다. 예전처럼 "수능 단어 얼마나 외웠어?" 같은 질문만 던지는 대신, "오늘 '영어 발표와 토론' 시간에 어떤 주제로 토론 했어?" "영미 문학 읽기에서 어떤 작품을 다뤘어?"라고 물어본다면, 아이에게도 한결 유의미한 대화가 될 것이다. 그리고 그 속에서 아마도, "영어는 나의 적이 아니라, 생각을 확장하는 파트너"라는 메시지를 아이가 또렷이 느끼게 될 것이다. 그것이 바로 고등학교 영어가 진짜 달라졌다는 증거이자, 미래를 바라보는 영어 교육의 새로운 방향이기도 하다.

2022 개정 교육과정 영어의 문제점

　2022 개정 교육과정은 영어를 실생활 중심으로 배우도록 하는 긍정적인 방향성을 제시하지만, 현실적으로 몇 가지 문제점이 존재한다.

　첫째, 교육 격차 문제가 심화될 가능성이 있다. 디지털 교과서와 AI 학습 도구를 적극적으로 활용하는 방식은 경제적 여건에 따라 학습 기회가 불평등하게 분배될 수 있다. 모든 가정이 태블릿이나 고속 인터넷 환경을 제공할 수 있는 것은 아니기 때문이다. 또한,

학교나 지역별 디지털 학습 환경이 다르기 때문에 학생들 간 학습 격차가 더 커질 가능성이 있다.

둘째, 입시 중심 교육 문화와의 괴리가 있다. 실생활 중심 영어 학습은 훌륭한 목표지만, 현실적으로 대부분의 학생과 학부모는 대학 입시에 초점을 맞춘다. 시험 문제 풀이와 실생활 영어 사이에서 교사와 학생 모두 혼란을 겪을 수 있다. 입시 요구를 충족시키는 동시에 실생활 영어 활용 능력을 기르는 균형 잡힌 교육 방식이 필요하다.

셋째, 교사와 학생의 부담 증가가 우려된다. 교사들은 새로운 교수법과 기술 도구를 익혀야 하는 부담이 크며, 학생들은 프로젝트 중심 과제와 실생활 활용 과제를 병행하면서 학습량이 과중 될 가능성이 있다. 특히 시험 준비가 중요한 학생들에게는 새로운 학습 방식이 추가적인 부담으로 작용할 수 있다.

넷째, AI와 디지털 도구 활용의 한계가 있다. AI는 학생의 학습을 분석하고 부족한 부분을 보완하도록 설계되었지만, 분석 결과가 항상 정확하지 않을 수 있다. 잘못된 추천이 반복될 경우 학생들은 학습 방향을 잃을 위험이 있다. 또한, 디지털 기기에 의존하는 학습 방식은 주의 산만, 정보 과부하, 학습 피로를 유발할 수 있다.

다섯째, 평가 체계의 모호함이 문제로 지적된다. 과정 중심 평가가 강조되고 있지만, 이를 공정하고 일관되게 적용할 명확한 기준이 부족하다. 이는 교사와 학생 모두에게 혼란을 초래할 수 있으며,

평가 결과에 대한 신뢰성을 떨어뜨릴 가능성이 있다.

   2022 개정 교육과정은 영어를 단순히 시험 과목으로 보는 것이 아니라 삶의 일부로 만들어 활용하도록 하는 데 목적을 두고 있다. 듣기, 말하기, 읽기, 쓰기, 문법을 통합적으로 학습하며, 학생들의 실생활 영어 활용 능력을 높이는 데 의의가 있다. 그러나 이러한 현실적인 문제들을 해결하지 않으면 교육과정의 취지가 온전히 실현되기 어렵다.

   이를 해결하기 위해서는 디지털 기기와 학습 도구의 접근성을 높이고, 교사 연수를 강화하며, 입시와 실생활 학습 간의 균형을 맞춘 교육 방식을 개발해야 한다. 또한, 학생들의 과중한 부담을 줄이고, 평가 체계를 공정하고 명확하게 정비할 필요가 있다. 이러한 노력이 뒷받침된다면, 2022 개정 교육과정이 제시하는 영어 교육의 비전은 현실적인 성과로 이어질 수 있을 것이다.

내신 영어와
입시 영어의 차이

내신 영어와 입시 영어가 정말 다른 걸까? 언뜻 보기에는 둘 다 영어 시험이니 비슷해 보이지만, 실제로 아이들이 느끼는 학습 과정과 평가 방식은 꽤나 다르다. 게다가 이 차이를 잘 이해하지 못하면, 어느 한쪽에만 시간을 쏟다가 나중에 크게 당황하기도 한다. 입시 영어는 주로 수능과 같은 전국 단위 시험을 의미하고, 내신 영어는 학교별로 출제되는 시험을 말한다. 둘 다 영어 실력을 평가한다는 점에서는 같지만, 목적과 출제 방식, 그리고 학습 전략이 제 각각이다. 이를테면 내신에서는 교과서나 부교재 범위를 중심으로 서술형·수행평가가 많이 등장하지만, 입시는 폭넓은 독해 지문과 까다로운 어휘·구문을 요구한다. 조금 더 구체적으로 살펴보자.

가령 고등학교 2학년 지훈이는 내신 기간에 교과서와 모의고사를 중심으로 공부한다. 수행평가 과제인 교과서 본문 요약하기를 제출해야 하고, 서술형 문제로 주어진 단어를 활용해 단락을 완성하라 같은 시험 문제가 나올 예정이다. 범위는 교과서 3~5단원, 그리고 학교에서 나눠 준 보충 자료 정도로 한정된다. 지훈이는 시간이 날 때마다 이 범위를 반복 학습하고, 교과서 속 중요 단어와 예문을 꼼꼼히 외운다. 그러다 보니 시험에서 만나는 문장들은 대부분 어디서 한 번 봤던 것들이다. 이렇게 내신의 구조 자체가 출제 범위가 한정적이고, 문제 유형도 교사가 공지한 틀을 크게 벗어나지 않는다는 특징을 갖는다. 그래서 지훈이는 범위 안의 문장과 단어를 열심히 소화하면 좋은 점수를 받을 수 있다는 자신감을 갖게 된다.

　반면 수능이나 모의고사와 같은 입시 영어는 이야기가 전혀 다르다. 같은 고등학생이라도, 3학년 민영이는 입시 영어는 범위가 없어서 불안하다 라고 털어놓는다. 실제로 입시 영어에서 나오는 지문은 과학·역사·철학·문학 등 다양한 분야를 가리지 않고 등장한다. 게다가 지문 길이도 훨씬 길고, 구문도 복잡하다. 분명 교과서에서 본 적 없는 용어가 튀어나오거나, 배경지식이 부족하면 이해하기 까다로운 소재가 흔히 등장한다. 민영이는 내신처럼 '이 단원에서 나올 것'이라는 범위가 있으면 좋겠는데, 그렇지 않으니 막막하다며 결국 폭넓은 독해 실력과 어휘력이 필요하구나를 깨달았다. 뿐만 아니라, 수능 독해 문제는 단순 정보 확인을 넘어 글의 구조와 필자의 논지를 파악해야 하는 경우가 많다. "이 글에서 필자가 강조하는 주장은 무엇인가?" 해당 문장은 글의 흐름상 어떤 역할을 하는가? 같은 문제들이 출제되므로, 글 전체를 꼼꼼히 이해해야만 정답을 고를 수 있다.

그렇다면 두 영역을 모두 잘하려면 어떻게 해야 할까? 우선 내신 대비에만 집중하면, 시험 범위 안에서는 높은 점수를 받을 수 있지만, 폭넓은 지문을 다루거나 추론 문제를 푸는 입시 영어에서 힘들어질 수 있다. 반대로 입시 영어에만 몰두하면, 교과서나 수행평가 과제를 소홀히 하게 되어 내신 성적이 떨어질 위험이 있다. 이 둘이 공존하는 고등학교 시절에는, 학생들이 "나중에 대입에 반영되는 내신을 챙기면서도, 전국 단위 시험까지 준비해야 하는" 이중 부담을 지게 된다.

예를 하나 들어 보자. 2학년 수빈이는 교과서 6단원 수행평가로 "단원 속 글을 분석해 친구에게 소개하는 프레젠테이션"을 해야 했다. 거기서 중심 문단 요약, 어휘 정리, 주제 파악 등을 직접 PPT로 정리해 발표하는 과정에서 내신 대비를 꼼꼼히 할 수 있었다. 그런데 같은 시기에 '수능 기출 풀이 스터디'도 병행했다. 이 모임에서는 매주 긴 지문 다섯 편을 읽고, 문제를 풀어 보며 제한된 시간 안에 정보를 파악하는 연습을 했다. 특히 "어휘나 표현이 교과서에는 잘 나오지 않는 고난도 수준"이 많았지만, 친구들과 서로 모르는 단어를 공유하며 외우고, 지문의 구조를 그림으로 그려 가며 논리를 익혔다. 결국 수빈이는 내신 기간에 발표 과제로 교과서 범위를 빠짐없이 공부했고, 스터디로 입시 유형도 익혀 두어, 두 마리 토끼를 어느 정도 잡게 되었다.

그렇다면 학부모로서는 자녀가 이중 부담을 질 때 너무 힘들어하지 않도록 어떻게 도울 수 있을까? 먼저, 내신 영어와 입시 영어가 요구하는 역량이 다르다는 점을 정확히 알려 주는 것이 중요하다. 내신은 교과서·부교재 범위를 완벽히 소화하고, 서술형·수행평가도 체계적으로 준비하는 것이 포인트다. 즉, 이 단원에서 배운 표현을 자신만의 방식으로 정리하고, 선생님이 강조하신 문법 포인트를 놓치지 않는 식의 꼼꼼함이 필요하다. 반면 입시 영어는 예측 불가능한 지문과 폭넓은 주제를 대비하려면, 꾸준한 독해 연습과 어휘력 보강이 필수다. "모의고사 같은 실전 경험"을 통해 시간 안배와 추론 방식을 익히는 것도 핵심이다.

또한 이 둘 사이에 어느 정도 접점이 있음을 인정하면 도움이 된다. 예를 들어 교과서 속 지문도 심화해서 분석하면, "원문은 어떤 흐름으로 전개되는지" "왜 이런 어휘를 썼는지" 생각해 볼 수 있다. 그 과정을 입시 문제 풀이와 연결해 본다면, 내신을 공부하면서도 독해력이나 사고력을 함께 키울 수 있다. 수행평가 과제인 '글쓰기'나 '발표' 역시 언어 활용 능력을 길러 주기 때문에, 입시 영어에서 요구되는 정확한 표현과 논리를 연마하는 장이 될 수 있다. 결국 중요한 건, 내신 대비는 내신대로, 입시 대비는 입시대로 완전히 따로 논다고 생각하기보다, 어느 정도는 서로 상호작용이 가능하다고 보는 것이다.

물론 이렇게 균형을 맞추려면, 아이가 느낄 학습량은 만만치 않을 수 있다. 그래서 더욱 스스로 계획을 세우고 목표를 분배해 나가는 자기주도 학습 태도가 중요하다. 이번 달은 교과서 중심으로 내신 대비를 하되, 매주 한 번은 모의고사나 기출문제를 풀어 입시 감각을 유지하는 식으로 말이다. 학부모는 아이가 너무 한쪽에 치우치지 않도록 살펴 주거나, 필요하다면 별도의 스터디나 학습 앱을 병행하도록 방향을 제시할 수 있다.

결론적으로, 내신 영어와 입시 영어는 표면적으로는 영어를 공부한다는 공통점이 있지만, 범위와 평가 방식, 요구되는 능력 면에서 꽤 다르다. 내신 영어가 '교과서 기반의 정확하고 꼼꼼한 학습'을 요구한다면, 입시 영어는 '폭넓은 독해와 논리적 사고, 실전 훈련'을 강조한다. 이 둘 중 어느 한쪽만 충실히 해도 어느 정도의 성적은 나올 수 있지만, 고등학교라는 시기에는 결국 두 가지 모두를 챙겨야 한다. 제대로 된 전략이 없다면 아이들이 쉽게 지치거나 어느 한쪽에 소홀해지기 마련이다.

그러나 두 마리 토끼를 잡는 건 어렵다고 겁먹기보다는, 내신과 입시가 서로 보완관계라는 사실을 받아들이면 생각보다 해볼 만하다. 교과서 범위를 철저히 파악하되, 거기서 배운 표현을 입시형 문제에서 어떻게 응용할지 고민해 보는 식이다. 거꾸로, 모의고사나 수능 기출을 풀 때 발견한 표현이나 구문을 교과서 수행평가 글쓰기에 활용해 볼 수도 있다. 아이가 이런 식으로 사고하고 실천하도록 이끌어 주는 게 부모와 교사의 몫일 것이다. 결국 내신 영어와 입시 영어를 균형 있게 잡아낸다면, 아이는 영어에 대한 종합적 실력과 자신감을 얻어, 그 이후에도 언어를 두려워하지 않고 자유롭게 활용하는 토대를 마련하게 된다.

학부모가
준비해야 될 것

학부모 입장에서 2022 개정 교육과정이 가져올 변화를 상상해 보면, 분명 기대가 크지만 동시에 우리 아이가 이런 새 방식에 잘 적응할 수 있을까? 라는 걱정이 함께 찾아온다. 왜냐하면 이제껏 교사들도, 중·고등학생들도 새 교육과정을 제대로 적용해 본 적이 없고, 기존 시험 위주의 패턴이 한순간에 바뀌긴 어려울 거라는 예감이 들기 때문이다. 초등학교 때부터 시작해 중·고등학교에 이르기까지, 아이들이 매일 맞닥뜨릴 교실 풍경이 확 달라진다면 그간 익숙했던 방법이 무용지물이 될 수도 있고, 과도기 속에서 혼란이 불가피할 수 있다.

가령 중학교의 영어 토론 수업을 예로 들어 보자. 요즘 '프로젝트형 활동'이나 '주제 중심 대화 연습' 같은 멋진 수업 모델을 이야기를 듣다 보면, 많은 부모들은 '우리 아이가 영어로 자기 의견을 표현해 보고, 친구들과 토론하며 사고력을 기를 수 있다니 정말 좋다'라고 생각한다. 문제는, 선생님조차 이런 수업을 해 본 적이 거의 없다는 사실이다. 거기에 더해, 아이들도 중학교 영어가 이렇게 바뀌었다는 것을 미리 체감하지 못한 채 들어가면 '갑자기 영어로 말하라고?' 하는 당혹감을 느낄 가능성이 크다. 한두 번은 신기해서 재미있게 따라 하더라도, 교사와 학생 모두가 '정확히 어떻게 준비하고 평가해야 하는지 몰라서 서툰 진행이 이어지면, 나중에는 오히려 예전 방식으로 문제 푸는 게 편하긴 했지'라는 회의감이 생길 수도 있다.

고등학교 역시 마찬가지다. 자녀가 고등학생인 부모들은 "선택 과목이 늘어난다는데, 정말 아이가 흥미 있는 분야를 제대로 파고들 수 있을까? 아니면 한두 과목만 시범 운영하다 흐지부지되는 건 아닐까?" 하고 의문을 갖기 쉽다. 교사들도 이런 선택과목을 처음 운영하는 입장이니, 교육 자료를 체계적으로 마련할 시간이 충분치 않을 수 있고, 학교에서 안내가 미흡하면 학생들은 "수능이나 내신에 도움이 안 되면 왜 들어야 하지?" 라며 신청을 주저할 수 있다. 이렇듯 혼란은 기존 체계와 새 교육과정이 한꺼번에 섞이는 '과도기'에서 자연스레 나타나는 현상이다.

그렇다면 부모로서 어떻게 대응하면 좋을까? 우선, 새 교육과정이라는 것 자체가 단기간에 완벽히 자리 잡기는 어렵다는 점을 전제하자. 초등부터 고등까지 모든 학년이 일제히 이 방식을 시행하는 것도 아니며, 한 학교 안에서도 학년별로 적용 시점이 다를 수 있다. 그러다 보면 같은 중학교 1학년이라도 어떤 반은 열심히 토론 수업을 해 보려 하고, 다른 반은 여전히 기존 문법·독해식으로 진행하는 차이가 생길 수 있다. 이럴 때 부모가 너무 조급해서 "왜 우리 아이 반만 이렇게 낡은 방식을 쓰냐!" 혹은 "왜 하필 우리 반만 실험해 보느냐!" 라며 성토하기보다, 담당 선생님과 차분히 의논해 '현실적 대안'을 모색하는 태도가 필요하다.

또 하나 중요한 점은, 아이들도 새 교육과정에 맞춘 수업 방식을 바로 잘해 낼 수 있다고 가정하지 말아야 한다는 것이다. 예컨대 프로젝트형 영어 수업을 진행할 때, 일부 아이는 말하기에 익숙해서 적극적으로 참여하지만, 남들 앞에서 영어를 말하는 게 부담스러운 아이는 그 사이에서 자신감을 잃을 위험이 있다. 게다가 선생님도 준비 부족으로 한두 명만 활약하고 나머지는 소외되게끔 진행한다면, 수업이 끝날 때 "영어로 떠든 건 좋아 보이긴 했는데, 나는 남 일 같았어"라는 실망감을 느낄 수도 있다. 부모가 집에서 오늘 어떤 걸 했고 어떠했냐? 며 구체적으로 물어보고, 아이가 스스로 느낀 어려움을 들어 준 뒤 "그럼 선생님께 건의해 볼래? 아니면 다음에 네가 맡을 역할을 정해 보자" 라며 작은 대안을 고민해 주면, 아이가 겉도는 상황을 조금은 완화할 수 있다.

고등학교에서는 입시와 새 교육과정이 동시에 요구되는 부담이 문제다. 입시는 아직 크게 바뀌지 않았는데 수업 방식만 바뀌면, "결국 시험 문제는 예전식으로 나오는데, 우리가 배우는 건 프로젝트니 발표니 정신만 없고 별 도움이 안 된다"는 볼멘소리가 나올 수 있다. 이런 갈등을 줄이려면, 새 교육과정을 시행하는 선생님이 입시 준비와의 연계 방안을 어느 정도 안내해 줄 필요가 있다. 물론 이것이 교사 혼자 감당하기엔 벅찰 수 있으니, 부모와 학생이 "토론 수업이나 프로젝트형 과제를 통해 학습한 내용이 어떻게 독해나 문법, 심지어 논리력 배양에 도움을 줄 수 있는지" 함께 찾아보며 보완해야 한다. 예컨대, 토론 수업에서 다룬 주제를 가지고 짧은 글쓰기를 해 보고, 이를 독해 연습에 접목해 보면, 시험 대비도 어느 정도 가능하다는 것을 깨달을 수 있다.

　부모가 구체적으로 해 줄 수 있는 역할 중 하나는, 아이의 학습 상황을 세밀히 살피고 교사와 원활히 소통하도록 돕는 것이다. 혼란기에 가장 위험한 건, 아이 혼자 방황하다가 의욕을 상실하는 상황이다. 예를 들어 "엄마, 우리 반은 프로젝트 한답시고 시간만 쓰고, 교과서 진도 제대로 못 나가"라며 아이가 걱정한다면, 무조건 "뭐, 다음에 해 보겠지"라고 방치하지 않고, 아이와 함께 대안을 찾도록 대화를 이끌어 보자. "그럼 교과서를 집에서 조금 더 보충하면 어떨까? 선생님께 물어보고 보충 학습 자료를 받으면 좋겠다" 등, 아이가 막연한 불안을 해소할 수 있는 행동 지침을 제시하는 식이다.

또, 부모 자신도 새 교육과정이 추구하는 바를 이해하고 지지해 주는 태도가 필요하다. 아이들은 종종 "이런 수업을 해서 무슨 소용이야? 수능 대비나 하지" 라고 말할 수 있다. 그때 부모가 "그냥 시험 문제풀이가 낫지 않아?"라며 편을 들어주면, 아이의 의문과 불만이 더욱 굳어진다. 반대로 현실적으로 네가 수능이나 내신 준비도 해야 하니, 그냥 옛날 방식대로 문제집만 푸는 게 좋겠다고 몰아붙이면, 교실에서 시도되는 새로운 학습법이 시들해 지고 만다. 이런 상황에서, "오히려 이렇게 토론을 해 보고, 네가 영어로 발표하는 경험을 해 보면, 나중에 시험에서 긴 지문이나 논리적 사고가 필요한 문제를 풀 때 도움이 될지도 몰라. 한번 배워 보자" 하는 식으로 긍정적 프레임을 잡아 준다면, 아이가 갑작스러운 변화에 조금은 열린 마음을 가질 수 있다.

정리하자면, 아직 발도 제대로 못 뻗은 새 교육과정을 실제 학교 현장에 적용하는 일은 과도기적 혼란을 동반할 수밖에 없다. 교사 입장에서는 "이걸 정말 어떻게 수업하고 평가해야 하지?"라는 고민이 크고, 학생들은 "갑자기 방법이 바뀌면 내신·수능 준비에 차질이 생기지 않을까?" 하는 불안을 느낀다. 학부모로서는 이 모든 갈등과 어수선함 속에서 아이가 흔들리지 않도록 안정적인 지지자 역할을 해야 한다. 이미 생겨나는 문제들을 무조건 비난하기보다, "이러이러한 시행착오가 있을 거야. 하지만 궁극적으로는 영어를 더 유연하게 사용하기 위함이니, 우린 최선을 찾자" 라고 다독여 준다면, 아이도 새로운 시스템에 대해 좀 더 긍정적으로 접근할 가능성이 크다.

물론, 모든 것이 순탄하게 흘러 갈 것이란 보장은 없다. 분명 어떤 학교는 멋진 영어 토론 수업을 정착시키겠지만, 다른 학교는 준비 미비로 '그냥 시도하다 포기'하는 경우도 있을 수 있다. 그럼에도 불구하고 우리가 이 변화 자체를 지지해야 하는 이유는, 기존에 문제풀이·암기에 치우쳐 있던 영어 교육이 한 걸음 더 '실생활 언어'로 다가서려 애쓰고 있기 때문이다. 학부모가 이 과도기를 수월하게 넘어가도록 도와줄 때, 아이들은 낯선 변화 속에서도 자신만의 길을 발견할 수 있을 것이다. 그리고 바로 그 경험이, 앞으로 영어를 보다 능동적이고 즐겁게 활용하는 출발점이 될 것임을 믿어 의심치 않는다.

자기주도 학습이 만든
입시 성공과 명문대 합격

자기주도 학습은 단순히 학업 성취의 도구를 넘어, 학생이 스스로 자신의 삶을 설계하고 목표를 향해 나아갈 수 있는 가장 강력한 성장 도구이다. 특히 입시와 같은 치열한 경쟁 환경에서는 자기주도 학습의 중요성이 더욱 부각된다. 영민이와 민희는 서로 다른 배경과 성격을 가졌지만, 자기주도 학습이라는 공통의 원칙을 통해 각자의 목표를 성취했다. 이 장에서는 이 두 학생의 이야기를 통해 자기주도 학습이 입시 성공과 더불어 학생의 태도와 인생관에 어떤 변화를 가져오는지 살펴보겠다.

영민이의 성장 이야기

영민이를 처음 만난 것은 중학교 1학년 학기말이 끝나갈 즈음이었다. 영민이는 지인의 소개로 학원을 찾아왔다. 처음 테스트를 진행했을 때, 나는 기초가 탄탄하다는 것을 알 수 있었다. 초등학교 5학년 때 영어를 시작했다고 했으니, 성실하고 똑똑하다는 뜻이었다. 잘 가르치면 좋은 결과를 낼 재목이라고 생각했다.

그런데 수업이 시작되고 나니 공부와 별개로 태도가 마음에 걸렸다. 까칠하고 버릇없는 태도는 내가 가르치는 데 큰 어려움을 느끼게 했다. 그래서 고민 끝에 소개해 주신 분께 못 가르치겠다고 말씀드렸다.

하지만, "딱 한 달만 가르쳐보라"는 설득 끝에 다시 마음을 다잡고 영민이를 가르치기로 했다. 그리고 놀랍게도, 그 한 달이 채 되기도 전에 아이의 태도에 작은 변화가 생기기 시작했다. 까칠한 말투와 태도는 조금씩 부드러워졌고, 여전히 특유의 강한 개성은 남아 있었지만, 도리어 그 모습이 매력적으로 다가왔다. 성장 가능성을 믿고 함께 노력하기로 했다.

영민이는 목표가 분명한 아이였다. 이미 공주 한일고등학교에 진학하고, 경찰대에 가겠다는 계획을 세워놓았다. 이런 목표 의식은 학습 태도와 성실함에서 그대로 드러났다.

중학교 내신 대비를 위해, 나는 영민이에게 쉬운 문제를 반복적으로 풀게 했다. 본문을 학습한 후, 각 레슨마다 300문제씩 총 900문제를 풀이하도록 했다. 쉬운 문제를 반복하는 작업은 영민이에게 지루할 수 있는 일이었지만, 단순한 풀이가 아니라 '훈련'이라는 내 생각에 동의하고 성실하게 따라주었다

나는 영민이가 문제를 해결하며 거둔 작은 성취를 놓치지 않고 칭찬하며 지속적으로 동기를 부여했다. 이러한 반복 학습을 통해 영민이는

실수 없이, 시험에서 자신의 실력을 완벽히 발휘할 수 있었다. 반복의 힘을 이해한 영민이는 꾸준함이 성공의 열쇠라는 사실을 몸소 증명해 보였다.

중학교 시절, 나는 영민이에게 고등학교 모의고사에 나오는 고난도 독해 지문을 풀이하게 하고, TEPS 고득점을 목표로 한 학습 프로그램을 진행했다. 영민이는 처음에는 어려운 고등 수준의 독해와 TEPS 문제 유형에 당황했지만, 매일 꾸준히 연습하며 점차 익숙해져 갔다. 고난도 독해를 통해 문장의 구조와 의미를 분석하는 능력을 키웠고, TEPS 학습을 통해 실전 감각을 익혔다.

문제를 풀며 틀린 부분을 다시 점검하고, 같은 유형의 문제를 반복적으로 연습함으로써 그는 점점 더 자신감을 가지게 되었다. 이러한 훈련은 단순히 영어 실력을 키우는 것을 넘어, 영민이가 스스로 학습의 방향을 설정하고 꾸준히 실천하는 자기 주도 학습자로 성장하는 데 큰 도움을 주었다.

그 결과, 영민이는 중학교를 졸업하기 전에 수능 영어 1등급 수준에 도달했고, TEPS에서 700점대를 기록했다. 목표를 향해 끊임없이 노력한 영민이의 성실함은 목표했던 한일고등학교 합격이라는 결실을 맺었다.

고등학교에 진학한 영민이는 내신에서도, 모의고사에서도 늘 최상위권을 유지했다. 영어가 이미 탄탄했기에 고등학교에서는 부족했던 수학에 더 많은 시간을 투자할 수 있었다. 목표였던 경찰대에 합격한 것은 물론 의대까지 합격하는 쾌거를 이뤄냈다.

고등학교 졸업 후 다시 만난 영민이는 밝고 자신감 넘치는 모습이었다. 함께 점심을 먹으며 우리 학원의 중학생들에게 해줄 조언을 물었을 때, 영민이는 이렇게 말했다.

"선생님, 저는 중학교 때 영어를 끝냈잖아요. 그래서 고등학교에서는 부족한 수학에 시간을 쓸 수 있었어요. 아이들에게도 꼭 말해주세요. 영어나 수학 둘 중 하나는 중학교 때 끝내고 고등학교에 가라고요."

영민이의 말은 나의 신념을 다시 한번 확인시켜 줬다. "중3에 입시 영어를 끝내자"는 내 철학이 옳았음을 보여줬던 순간이었다.

민희의 성장이야기

민희를 처음 만난 것은 초등학교 4학년 때였다. 밝은 미소와 함께 교실에 들어오는 민희는 조용하지만 밝고 눈에 띄게 성실한 아이였다. 그런데 사춘기가 시작되면서 민희에게 작은 변화가 찾아왔다.

수업 중 발표를 시키면 얼굴이 빨개지고, 목소리는 작아서 알아듣기 힘들었다. 점점 더 내성적으로 변해가는 민희를 보며, 나는 아이가 무엇을 좋아하고, 무엇을 힘들어하는지 더 깊이 이해하려고 노력했다.

민희는 낯선 환경이나 새로운 사람을 만나는 것을 꺼리는 아이였다. 하지만 학원에서는 꾸준히 성실함을 유지하며 영어를 좋아하는 모습을 보였다. 초등학교 때는 All in one 학습법으로 영어의 기본기를 다졌고,

예비 중1 겨울방학부터 문법, 구문, 영작학습까지 체계적으로 학습하며 실력을 쌓아갔다. 구조 분석한 문장을 문법과 연계해서 영작연습을 하면서 서술형을 대비했다.

중학교 3년 동안 민희는 수능 1등급 수준에는 미치지 않았지만, 고등과정을 스스로 학습할 수 있는 근력을 키웠다. 결국, 민희는 기숙형 고등학교 특별반에 당당히 합격했고, 주말에 학습 자료만 받아 자기주도적으로 학습하며 고등학교 내내 내신 1등급과 모의고사 1등급을 유지하며 의대를 목표로 공부하고 있다.

민희의 이야기를 통해 자기 주도 학습의 중요성을 다시 한번 강조하고 싶다. 민희는 영어 실력이 뛰어난 아이였지만, 발표와 새로운 환경에 대한 두려움이라는 장벽이 있었다. 나는 말로 생각을 표현하게 하기보다, 글로 생각을 정리할 수 있도록 방향을 바꿔 주었다. 그의 내성적인 성격을 존중하면서도, 민희에게 맞는 학습도구로 자신감을 쌓을 수 있도록 도왔다.

모든 아이가 영민이나 민희처럼 빠르게 성장할 수는 없다. 하지만 아이가 가진 장점을 발견하고, 장애물을 제거하며 맞춤형 수업을 제공한다면, 아이는 스스로 성장의 길을 찾게 된다. 단순히 칭찬하는 것만으로는 아이의 가능성을 이끌어낼 수 없다. 대신, 도전 과제를 제시하고, 그 과제를 해결하며 스스로 성취감을 느끼도록 돕는 것이 중요하다.

한 번은 수업 중 민희에게 "요즘 배운 단어 중 가장 마음에 드는 단어가 뭐야?" 라고 물었다. 그는 잠시 머뭇거리더니 씩 웃으며 말했다.

"perseverance(끈기)요."

그 대답에서 나는 민희가 가진 성실함과 꾸준함의 가치를 다시금 느낄 수 있었다.

영민이는 목표를 분명히 설정하고 이를 향해 끊임없이 노력함으로써 중학교에서 영어를 끝내고 고등학교에서는 부족한 과목에 집중할 수 있었다. 민희는 내성적이고 발표를 두려워하는 성격이지만 말하기를 쓰기로 바꾼 것처럼 자신에게 맞는 방법을 찾아 꾸준히 성실하게 학습해서 고등학교 내내 상위권을 유지했다. 이들은 자기주도 학습의 힘을 보여주는 살아 있는 증거다.

하버드대학교 교육 심리학자 Dr. Rachel Green의 연구에 따르면, 자기주도 학습을 실천하는 학생은 그렇지 않은 학생보다 학업 성취도가 30% 높고, 학습 만족도와 장기적인 성공 가능성도 더 크다고 밝혀졌다. 자기주도학습은 학생에게 성취감을 주고, 자신에 대한 신뢰를 쌓으며, 더 나아가 미래에 대한 주도적인 태도를 길러준다. 학생 개개인의 성향과 상황에 맞는 자기주도 학습의 환경을 제공하는 것은 부모와 교육자가 해야할 가장 중요한 역할이다.

자기주도 학습은 단순히 공부를 잘하기 위한 방법이 아니라, 학생이 스스로 동기를 부여하고 문제를 해결하며 학습 과정에서 책임감을 가지게 하는 중요한 과정이다. 연구에 따르면, 자기주도 학습을 실천하는 학생들은 그렇지 않은 학생들에 비해 학업 성취도가 30% 이상 높고, 학습에 대한 만족감도 훨씬 크다는 결과가 있다.

자기 주도 학습: 자녀의 밝은 미래를 여는 열쇠

영민이와 민희의 이야기는 중학교라는 시기를 어떻게 활용하는지에 따라 학생의 학업과 미래가 크게 달라질 수 있음을 보여준다. 영민이는 중학교 때 영어를 완성한 덕분에 고등학교에서 부족한 과목에 집중할 수 있었고, 경찰대와 의대라는 도전을 동시에 성공적으로 이루었습니다. 민희는 자신의 내성적인 성격을 극복하며 꾸준히 학습했고, 고등학교 내내 1등급을 유지하며 의대를 목표로 하는 자립적인 학습자로 성장했다.

이 두 학생의 성공은 단순히 타고난 재능이 아니라 자신에게 맞는 학습법을 찾고 목표를 향해 꾸준히 나아가는 자기주도 학습의 힘 덕분이었다. 자기주도 학습은 학생이 자신감을 키우고 미래를 스스로 설계할 수 있게 돕는 가장 중요한 도구이다.

아이가 스스로 성장할 수 있도록 환경과 기회를 제공해 주어야 한다. 아이를 믿고 기다리며 작은 성공의 순간들을 함께 즐기는 과정에서 자녀는 점점 더 큰 성취를 이루어 갈 것이다. 중학교라는 '골든 타임'을 놓치지 말자. 이 시기를 잘 활용하는 것이 입시 성공의 첫걸음이자, 아이의 밝은 미래를 여는 열쇠가 될 것이다.

3부

초5에 시작
중3에 끝내는
입시 영어

22년차 학원장이 알려주는 **입시 영어 로드맵**

초등학교 5학년부터 시작하는 영어 학습

흥미 중심에서 입시 중심으로 나아가는 결정적 시기

초등학교 5학년은 그동안 재미와 흥미 위주로 영어를 배워 온 아이들이, 보다 학습적이고 체계적인 방향으로 전환할 수 있는 결정적인 시기다. 초등 저학년 때는 동요나 율동, 간단한 회화 활동을 통해 "영어가 재밌다"는 긍정적인 인식을 심어주었다면, 이제는 기초 문법과 어휘를 본격적으로 다지며 '입시 영어'의 기본 틀을 잡아나가는 데 집중하는 시기가 바로 5학년이다.

많은 학부모가 "아직 초등학생인데, 왜 벌써 입시를 염두에 두어야 하지?"라고 물을 수 있다. 그러나 초등학교 5학년쯤 되면 아이들의 사고력이나 학습 습관도 한 단계 성숙해져, 단순히 놀이와 흥미로만 접근하던 영어에서 벗어나 어느 정도 전략적으로 학습할 준비가 된다. 이때부터 영어를 '재미'와 '기초'라는 두 기둥으로 탄탄히 쌓아 나가면, 중학교 3학년 말까지 고등학교 수준의 영어를 사실상 마무리할 수 있다. 그렇게 되면 고등학교에 올라가서 영어에만 매달릴 필요가 없고, 수행평가나 부족한 과목에 시간을 투자할 여유가 생긴다.

입시 중심의 학습을 중학교 이후로 미루다 보면, 아이가 중학교 생활에 적응하느라 바쁜 와중에 영어 문법이나 독해를 처음부터 다시 체계적으로 잡아야 해서 심리적·시간적 부담이 급격히 커진다. 반면 초등 5학년부터 영어에 대한 전략적 접근을 시작하면, 중학교 1~2학년 때 기초 문법과 독해를 깔끔히 마무리하고, 3학년까지 고등학교 입시 영어의 핵심을 선행 또는 완성해 둘 수 있다. 그 결과 고등학생이 된 뒤에는 영어를 복습하거나 모의고사에만 가볍게 대비하는 선에서 마무리할 수 있어, 내신이나 수능 준비에 대한 압박이 크게 줄어든다.

또한 초등 5학년은 아이가 이미 몇 년간 '영어는 재밌다'는 인식을 어느 정도 갖춘 상태라, 문법 문제나 독해 지문처럼 다소 딱딱한 학습 요소를 받아들이는 데도 거부감이 적다. 이 시기에 부모와 함께 짧은 문장을 작성하고, 기초적인 단어 암기를 체계적으로 해 나가며, 간단한 영작과 발음 훈련을 이어 가면 어느새 "아, 영어라는 언어를 좀 다룰 수 있구나"라는 자신감이 쌓인다. 이런 자신감은 중학교에 진학했을 때 내신 대비와 고등 선행 학습을 훨씬 수월하게 만들어 준다.

결국 초등학교 5학년에 영어 학습을 본격적으로 시작하는 이유는, 단순히 "조기교육"을 더 앞당기려는 욕심 때문이 아니라, 중3까지 고등 영어를 사실상 마무리해 두어야 고등학교에서 비교과활동이나 부족한 과목을 보충할 시간을 충분히 확보할 수 있기 때문이다. 아이 입장에서는 중학교 시절에 이미 고등학교 영어의 큰 틀을 익히면, 고등학교에 진학해서 영어로 인해 스트레스를 덜 받게 되고, 과학·수학 등 다른 과목에 집중할 여유가 생긴다. 부모 입장에서는 사교육 의존도를 무리하게 높이지 않고도, 집에서 매일 조금씩 관리해 주며 아이가 영어 기초를 흥미 있게 다지도록 도울 수 있다.

결론적으로, 초등학교 5학년은 "흥미 위주 영어"에서 "학습 중심 영어"로 넘어가는 가장 적절한 시기다. 아이가 충분한 호기심과 흥미를 바탕으로 기본기를 닦고, 중학교 3학년까지 고등학교 영어의 대부분을 마무리해 놓으면, 고등학교에서 영어에 투입해야 하는 시간을 획기적으로 줄여 다른 과목에 집중할 수 있다. 그렇게 중3까지 영어를 끝낸다는 "전략적 학습"이야말로, 초등 5학년 때부터 영어에 본격적으로 투자해야 하는 가장 큰 이유라고 할 수 있다.

초등학교 로드맵

발음과 이중모음: 5학년에 교정해야 할 남은 약점

초등학교 5학년 이르면, 아이들이 이미 영어를 어느 정도 접해 왔더라도 정확한 발음이나 이중모음에 대해 헷갈려 하는 경우가 많다. 특히 aw, au 같은 이중모음은 한글로 표현하기 애매한 소리를 담고 있어, 단어를 읽거나 쓸 때 자주 실수가 나타난다. 파닉스를 배웠더라도 이런 부분을 대충 넘기면, 긴 단어를 발음하거나 낯선 철자 조합을 만났을 때 아이가 쉽게 "나 이거 못 하겠어"라고 포기해 버릴 수 있다. 따라서 5학년이라는 시점은 기본 파닉스를 복습하며, /ɔ:/ 같은 소리를 비롯한 이중모음을 확실하게 정리하기에 딱 알맞은 때다.

단계별 독해 : 짧은 단문 독해로 시작

흥미 위주의 그림책이나 동화를 넘어, 이제는 30단어, 50단어처럼 문장 수나 단어 수로 난이도를 구분한 단계별 독해를 도입할 만하다. 단계별 독해 훈련을 통해 아이가 문장을 천천히 해석해 보며 문맥 속에서 모르는 단어를 익히는 연습을 할 수 있다. 50단어 지문을 한 편 읽고, 내용을 한두 문장으로 요약해 보는 식으로 단계별로 진행하면 중학교에 올라갔을 때 교과서나 문제집 지문이 길어져도 당황하지 않고 자신감을 얻는다. 짧은 지문부터 안정적으로 익히는 습관이 쌓이면, 자연스럽게 더 많은 독해량으로 이어진다.

문장 구조: 단순한 문장에서 확실한 이해

5학년에서는 "주어+동사+목적어" 같은 기본 문장 구조를 명확히 배우고, She reads a book.이나 They play soccer. 같은 짧은 문장을 직접 만들어 보면서 논리적으로 파악하는 과정이 필요하다. 예를 들어, 주어가 누구인지, 동사가 무엇인지, 목적어가 어떻게 따라오는지를 정확히 구분하는 습관을 들이면, 중학교에서 의문문·부정문을 배울 때도 훨씬 매끄럽게 연결할 수 있다. 아이가 간단한 문장을 한두 개씩 써 보고 가족 앞에서 읽게 하는 식의 활동도, 문장 구조를 제대로 이해하고 있는지를 확인하기 좋은 방법이다.

기초 문법: Be/일반 동사, 부정/의문문, 시제, 명사, 대명사

초등학교 5학년에선 기초를 단단히 하는 것이 중요하다. Be 동사(am, is, are)를 정확히 구분하고, 일반 동사(do, like, go 등)를 활용해 부정문과 의문문을 만드는 연습을 하는 식이다. 단,복수 명사와 대명사, 그리고 시제(현재·과거·미래)를 명확히 익혀 두면, 중1~중

2 내신 대비가 크게 수월해 진다. 예를 들어 "I am a student."와 "He likes apples."의 구조가 어떻게 다른지, "They do not eat breakfast." 같은 부정문을 왜 이렇게 쓰는지 등을 숙지해야 중학생이 되었을 때 갑작스럽게 문법 부담이 확 늘지 않는다.

개정 교육과정에 맞춘 쓰기 교육: 짧은 문장부터

듣기·말하기·읽기·쓰기를 통합적으로 평가하는 개정 교육과정에서는, 초등 고학년 단계부터 간단한 글쓰기에 익숙해지는 게 좋다. 5학년 아이들은 "나는 오늘 날씨가 좋아서 기분이 좋았다" 같은 문장도 간단한 영어 문장으로 표현할 수 있는 수준이면 된다. 일기나 감상문처럼 일상 소재를 주제로 삼아 한두 문장을 써 보게 하면서, 앞서 익힌 기초 문법을 실제로 적용하도록 유도하면 학습 효과가 높아진다. 이런 훈련을 통해 아이는 "영어 문장을 직접 만들어 보는 일"에 대한 두려움을 덜고, 중학교나 고등학교에서 요구되는 서술형·에세이 과제에도 미리 대비할 수 있다.

왜 5학년이 아니면 안 될까

5학년 시기에 이중모음 발음 교정부터 단문 독해 훈련, 기초 문법, 그리고 간단한 문장 쓰기까지 로드맵을 실천하지 않으면, 중학교에 올라가서 훨씬 복잡해진 과목들을 학습해야 하는 상황에서 영어 기초까지 새로 닦아야 한다. 그만큼 아이가 느끼는 심리적 압박이 커지고, 학습 효율도 떨어진다. 반면 5학년 때부터 입시 중심 영어의 기초를 다져 두면, 중학교 1~2학년 동안 여유롭게 문법과 독해를 확장하고 3학년에 고등 영어를 마무리할 수 있어, 고등학교 진학 시 영어가 '이미 끝난 과목'이라는 든든함을 얻게 된다. 결론적으로, 초등학교 5학년이라는 시점은 "흥미 위주 영어"에서 "학습 중심 영어"로 넘어가는 전환점이면서, 장기적 관점에서 중3 이후까지의 학습 부담을 줄이는 필수적인 준비 단계라고 할 수 있다.

초등 필수 문법

가장 자주 헷갈리는 포인트 & 꿀팁

1. 부정문/의문문: "do/does" 활용

부정문

기본 형태: 주어 + do/does + not + 동사원형

예) I do not like apples. / He does not (doesn't) play soccer.

주의: 3인칭 단수(he, she, it)에는 does를 쓰고, 동사 뒤에 -s/-es

는 붙지 않음

예) She does not play piano. (O) / She does not plays (X)

의문문

기본 형태: Do/Does + 주어 + 동사원형?

예) Do you eat breakfast? / Does he go to school?

주의: 3인칭 단수일 때도 does만 변화, 동사는 원형 그대로

예) Does she like music? (O) / Does she likes music? (X)

TIP: 평서문에서 동사에 -s/-es가 붙는 경우, 부정문·의문문으로 바꿀 때는 do/does가 대신 변화를 가져가므로 동사원형을 써야 함.

2. 과거 시제: 규칙형 vs 불규칙형

규칙 변화

대부분 동사에 -ed를 붙여 과거형

예) play → played, watch → watched

발음은 /t/, /d/, /id/ 등으로 달라짐 (ex. played / liked / wanted)

불규칙 변화

동사 형태가 완전히 바뀌는 경우

예) go → went, eat → ate, see → saw, come → came

표·카드 등으로 정리해 자주 외우기

예) do → did, get → got, have → had …

TIP: 과거형과 3인칭 단수(-s/-es)를 섞어서 쓰는 실수를 자주 함. "과거"와 "현재 3인칭 단수"는 완전히 다른 개념임을 정확히 구분할 것.

3. be동사 vs 일반동사: 혼용 금지

be동사 (am, is, are)

"상태"나 "존재"를 나타냄

예) I am hungry. / She is a student.

부정·의문 시 be동사 자체를 문장 맨 앞으로 옮김

예) She is not happy. / Are you ready?

일반동사

"동작"이나 "행동"을 표현

예) run, eat, study…

부정·의문 시 do/does/did를 씀

예) She does not study. / Does she study?

TIP: be동사 문장에 do/does 쓰지 않고, 일반동사 문장에 am/is/are 쓰지 않는다. 가장 흔한 오류이므로, 둘을 확실히 구별할 것.

4. 대명사: 목적격·소유격 헷갈림 주의

주격: I, you, he, she, it, we, they

목적격: me, you, him, her, it, us, them

소유격: my, your, his, her, its, our, their

예) I → me → my / he → him → his 등으로 형태가 달라짐

I give the book to him.(O) vs I give the book to he.(X)

초등생들이 '목적격'과 '소유격'을 섞어 쓰기 쉬우므로, 특히 많이 연습하고 눈에 익히는 것이 중요

be동사와 일반동사의 부정문·의문문을 시제변화와 함께 자유롭게 변형해 말하고 쓸 수 있다면, 초등 문법의 핵심을 사실상 모두 익혔다고 해도 과언이 아니다. 매일 2~3문장씩 직접 만들어 보며 입으로 말해 보는 연습이 중요하다. 또한 대명사의 주격·목적격·소유격 구분은 실수율이 높은 파트이므로 각별히 주의해야한다. 위 다섯 가지 문법을 한 장으로 정리해 두고 문장 작성 시마다 빠르게 참고한다면, 오류를 줄이고 기초 실력을 더욱 탄탄히 다질 수 있을 것이다.

최강
꿀팁

한눈에 쏙, 학부모 감탄 포인트

1. 부정·의문문에서 동사에 -s/-es 붙이지 않는다

평서문에서 He plays soccer. → 의문문·부정문에서는 Does he play? / He does not play. 형태로 전환, 동사원형을 꼭 유지.

2. 과거 시제와 3인칭 단수(-s)는 전혀 별개

과거: 규칙(-ed), 불규칙(동사 통째로 바뀜)

현재 3인칭 단수: 동사에 -s/-es, 혼동 금지

3. be동사 vs 일반동사 구별 필수

be동사(am/is/are) 문장엔 do/does/did 사용 X

일반동사(run, eat…) 문장엔 be동사 사용 X

4. 대명사 목적격·소유격 헷갈림 방지

주어 자리에 목적격을 쓰거나, 소유 대명사를 잘못 쓰는 사례가 많음.

예) I gave it to him. / This is my book.

5. 초등학교 때는 이것 만으로도 충분

be동사 / 일반동사 / 부정문 / 의문문 / 시제(현재·과거) → 이 다섯 가지만 문장으로 표현할 수 있으면, 기본 회화와 독해에 큰 지장 없음, 말로 직접 만들어 보는 연습으로 문법을 생활 속에서 내재화.

예) 그는 밥을 먹는다, 먹었다, 먹을 것이다, 그는 밥을 먹니? 먹었니? 먹을 거니? 그는 밥을 먹지 않는다, 않았다, 않을 것이다.

중학교
로드맵

중학교에서 완성해야 할 영어의 3대 축: 문장구조·문법·어휘학습

이제는 본격적으로 시험과 내신을 염두에 두는 '학습' 위주의 시기로 넘어가야 한다. 이때 학부모님들이 가장 고민하는 부분이 "어떤 순서로, 무엇을 중점적으로 가르쳐야 하는가"일 텐데, 결론부터 말하자면 중학교에서는 문장구조, 문법, 어휘라는 세 가지 축을 잘 잡아야 영어를 효율적으로 완성할 수 있다.

문장구조는 영어를 말 그대로 '논리적으로' 이해하는 기반이다. 예를 들어 "주어+동사+목적어" 같은 기본 구조를 정확히 파악하고, 수식 구조까지 수월하게 소화할 수 있어야 긴 문장을 읽거나 쓸 때 막히지 않는다. 문법은 영어 표현을 정확하게 구사하기 위해 꼭 필요한 틀이며, 중학교에서는 동명사·부정사·분사, 시제·관계사, 가정법 같은 개념을 집중적으로 배우게 된다. 이런 문법 지식을 갖춰 두면 중학교 내신 뿐 아니라 고등학교 입시에서도 영어 때문에 크게 흔들리지 않게 된다.

어휘 역시 중학교 영어에서 중요한 축으로 꼽힌다. 초등학교에서 생활 어휘에 익숙해졌다면, 이제는 한 단계 높은 수준의 단어나 숙어를 접할 시기가 된다. 단어가 부족하면 문장구조나 문법을 아무리 잘 알아도 텍스트를 이해하기 어렵고, 반대로 단어를 많이 알면 복잡한 문장도 "어느 정도 나눠서 해석해 볼 수 있겠다"라는 자신감이 생긴다.

결국, 중학교에서 세워야 할 영어의 기둥은 "문장구조·문법·어휘" 이 세 가지이다. 이 세 축이 단단해져야 독해, 듣기, 쓰기, 말하기 어느 영역에서도 제 실력을 낼 수 있다. 아이가 중학교 3년 동안 이 세 가지를 얼마나 효과적으로 다지는지에 따라, 고등학교에서 영어를 부담스럽게 느낄지 아니면 꽤나 여유롭게 대할 지가 결정된다. 이제 이어지는 로드맵에서 문장구조학습, 문법, 어휘를 구체적으로 어떻게 챙겨 나가야 하는지 살펴보려한다.

1. 문장구조학습: 영어를 '논리적으로' 이해하는 핵심

중학교에서 영어를 제대로 익히려면, 단어와 문법만 알면 된다고 생각하기 쉽다. 하지만 문장구조학습 이야말로 아이가 영어 문장을 읽거나 쓸 때 지레 겁먹지 않도록 만들어 주는 핵심적인 요소이다. 한 문장을 만났을 때, "누가(주어) 무엇을(목적어) 어떻게(동사) 한다"라는 기본 뼈대 뿐 아니라, 부사나 형용사구 같은 수식어가 어디서 어떻게 붙는지를 파악할 줄 알아야 어려운 문장도 논리적으로 쪼개어 해석할 수 있다.

예를 들어 "She loves reading books in the library every weekend" 같은 문장을 마주했을 때, 주어(She)와 동사(loves), 목적어(reading books)를 구분하고, in the library나 every weekend 같은 부사구가 어떤 의미를 보충해 주는지 자연스럽게 이해하면 독해 속도가 크게 올라간다. 문장구조학습은 이렇게 "제일 중요한 뼈대"와 "그 뼈대를 꾸며 주는 부분"을 구분해서 보는 연습이라고 할 수 있다.

이 과정을 중학교에서 제대로 해 두면, 복잡한 절(절과 절이 이어지는 문장)이나 수식어가 잔뜩 들어간 길고 복잡한 구조를 가진 문장을 만나도 당황하지 않게 된다. 특히 의문문이나 부정문이 섞여 있을 때도 문장 어순과 구성 원리를 알고 있으면, 문법 규칙만 갖고는 잡아내기 어려운 뉘앙스를 놓치지 않는다. 독해 뿐 아니라 쓰기 실력에도 직접적인 영향을 미치는데, 문장구조를 정확히 알면 아이가 글을 쓸 때도 어떻게 단어를 배열해야 의미가 통할지 스스로 논리적으로 고민하게 되므로 문장력이 자연스럽게 늘어난다.

부모님께서는 아이가 교과서 문장이나 문제집 예문을 볼 때, 주어·동사·목적어 혹은 보어를 찾는 식으로 문장을 나눠 보는 연습을 하도록 유도하면 좋다. 나중에 더욱 복잡한 분사구문, 관계사, 가정법 등을 배우더라도 "아, 이건 주절을 꾸며 주는 부분이구나" 하고 쉽게 파악하게 되어, 고등학교로 넘어갔을 때도 영어가 어렵게만 느껴지지 않는다. 결국 문장구조학습은 "문법과 어휘를 실전에서 연결해 주는 다리" 역할을 하며, 중학교 3년간 의식적으로 다지고 나면 고등학교 영어에서도 흔들림 없이 기반을 유지할 수 있다.

문장 구조 분석 방법

구조분석 다이어그램(Diagram)

구조분석 다이어그램(Diagram)은 문장을 좌우로 길게 펼쳐 놓고, 주어(S)·동사(V)·목적어(O)·보어(주격·목적보어)·수식어구 등을 각각 다른 기호로 표시하여 구조를 시각적으로 보여주는 방법이다. 예를 들어, 주어는 밑줄, 동사는 동그라미, 목적어는 네모, 보어는 물결이나 특수 기호 등으로 표기하고, 부사절이나 형용사절 같은 수식어구는 소괄호로 묶어 한눈에 구분할 수 있도록 만든다.

이런 방식으로 문장을 분석하면, 앞에서부터 한 덩어리씩 (Chunk) 읽고 해석하는 데 훨씬 수월 해진다. 예컨대, 주어 → 동사 → 목적어 → 보어 → (부사절) 순으로 시각적으로 확인할 수 있으니, 누구나 빠르게 "이 문장에 핵심이 무엇이며, 어떤 수식이 붙었는지" 파악할 수 있다. 그 결과, 독해가 쉬워질 뿐 아니라 영작에서도 문장 구성 요소를 더 정확히 배치할 수 있게 된다.

예를 들어,

"The experienced panel considered her performance outstanding because she exceeded all expectations" (경험 많은 심사위원들은 그녀의 성과가 모든 기대를 초과했기 때문에 그녀의 공연(또는 퍼포먼스)을 뛰어나다고 평가했습니다.)

이 문장을 보면, 구조분석 다이어그램(Diagram)으로 주어('The experienced panel')에 밑줄을 긋고, 동사('considered')를 동그라미로, 목적어('her performance')를 네모로 표시한다. 다음으로, 목적격 보어('outstanding')에는 또 다른 기호(물결 등)를 사용하여 이 단어가 목적어를 어떻게·설명하는지 보여주고, 부사절('because she exceeded all expectations')은 소괄호로 묶어서 동사를 수식하는 것을 시각적으로 분명히 드러낸다. 이렇게 각 요소를 구분해 두면, 문장을 앞에서부터 순차적으로 쉽게 파악할 수 있으므로, 해석과 이해가 훨씬 편리 해진다.

```
┌─────────────────────────────────────────────────────────┐
│                                                           │
│  The experienced panel (considered) her performance outstanding │
│         S              V          O           O.C         │
│        (because she exceeded all expectations.)           │
│                        부사절                             │
│                                                           │
└─────────────────────────────────────────────────────────┘
```

입체적 다이어그램(Diagram) 분석 방법

입체적 다이어그램(Diagram) 분석 방법은 문장의 기본 뼈대(주어·동사·목적어·보어)를 선의 위쪽에 배치하고, 이를 보충하거나 꾸며 주는 수식어구(구나 절)는 선 아래에 배치하여 문장 구조를 입체적으로 시각화하는 분석 방식이다. 이렇게 핵심 요소와 수식 요소를 물리적으로 분리하면, 긴 문장도 한눈에 구조를 파악할 수 있는 장점이 있다.

입체적 다이어그램(Diagram) 분석 방법의 가장 큰 장점은 독해 시 중요한 정보에 집중할 수 있다는 것이다. 핵심 골격과 부가 정보가 시각적으로 분명히 구분되기 때문에, 문장을 읽을 때 어디가 중심인지 빠르게 파악할 수 있다. 또한, 다양한 수식어구들이 선 아래에 모여 있어 문장의 세부적 의미와 관계를 놓치지 않고 쉽게 이해할 수 있다.

예를 들어, "One thing is the high dive"라는 기본 문장 위에 "they all want to see", "that young Mexicans take", 그리고

"from the top of a cliff" 같은 수식 요소를 선 아래에 달아 두면, 주어+동사+보어로 이루어진 핵심 구조와 부연 설명이 한눈에 구분된다. 이 덕분에 문장을 직관적으로 파악할 수 있고, 구체적으로 어떤 수식어구가 어디에 연결되어 있는지 명확하게 살펴볼 수 있다.

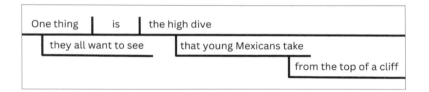

그들이 모두 보고 싶어하는 한 가지는 절벽 꼭대기에서 젊은 멕시코인들이 하는 다이빙(고공 다이빙)이다. (Reference: 이삼우-영맥시리즈)

이러한 문장 구조 학습 방법은 하루아침에 완벽히 익히기 어려우므로, 매일 어려운 지문을 선정해 분석해 보는 연습이 무엇보다 중요하다. 꾸준히 반복해서 핵심과 수식 요소를 구분하는 훈련을 쌓으면, 독해 능력과 영작 실력 모두 한층 향상될 수 있다.

작문 능력 향상을 위한 구조 분석 학습법

이런 구조분석 학습법을 활용하면, 단순히 영어 문장을 해석하는 데 그치지 않고 거꾸로 한국어 문장을 분석하여 영작하는 연습도 할 수 있다. 즉, 한국어 문장에서 주어·동사·수식어구 같은 요소들을 구분한 뒤, 그것들을 영어 문장 구조(주어·동사·목적어·보어)로 재배치해 보는 방식이다. 이를 통해 한국말을 영어 식 사고방식으로 그룹화하는 과정을 훈련하게 되므로, 독해와 영작 모두에 효과적인 학습법이라고 할 수 있다.

무엇보다 이런 방법을 쓰면, 문장 구조 자체에 대한 이해가 깊어져 정확한 영어 표현을 쉽게 구성할 수 있게 된다. 한국어를 분석해 영어 식 어순으로 재 조합하는 과정을 거치면, 번역 투를 피하고 자연스러운 영어 표현에 익숙해질 수 있기 때문이다. 또한, 긴 문장에서도 핵심 정보와 부가 정보를 명확히 구분하여 문장 뼈대부터 제대로 세운 뒤 세부 요소를 더하는 연습을 할 수 있으므로, 복잡한 영어 문장 작성에도 큰 도움이 된다.

고등학교 내신·수행평가 영작 스킬 TIP

문장 뼈대 파악(주·동·목)

∘ 한국어 문장을 주어·동사·목적어로 먼저 나눈 뒤, 영어식 어순
으로 재구성해 보는 연습을 하는 것이 좋다.

∘ 불필요한 표현은 생략하고, 핵심 구조부터 작성하는 습관을 들
이는 것이 중요하다.

짧은 문장부터 시작하기

∘ 처음에는 10~15단어 내외의 짧은 한국어 문장을 분석해 영어
문장으로 바꿔 보는 연습을 하는 것이 효과적이다.

∘ 이후 점차 부사절, 관계사절 등 수식어구를 하나씩 추가해 문
장을 확장한다.

빈도 높은 표현 정리

∘ 학교 시험이나 수행평가에서 자주 쓰이는 표현 (부록에 포함)을
따로 정리해 두면 좋다.

∘ 이런 표현들을 작문에 적극 활용하여 자연스럽게 익힌다.

문법 오류 점검

∘ 작문 후에는 주어와 동사의 수일치, 시제 등을 꼼꼼히 확인해

야 한다.

◦ 작은 오류라 할지라도 바로잡아가며 정확한 문장 작성 습관을 기르는 것이 중요하다.

다양한 연결어·접속사 사용

◦ 문장 간 논리적 흐름을 매끄럽게 만들기 위해 however, moreover, therefore, although 등과 같은 연결어를 적절히 사용하는 것이 좋다.

◦ 이를 통해 글의 설득력과 일관성이 한층 높아지게 된다.

피드백 통한 반복 훈련

◦ 작성한 문장을 ChatGPT와 같은 AI 도구들을 이용해 교정 받은 뒤 다시 쓰는 과정을 거쳐야 한다.

◦ 이러한 반복과 교정을 꾸준히 진행하면, 복잡한 영작에서도 점차 자신감을 갖게 된다.

주의사항: AI 도구도 실수가 많으니 무조건 신뢰하면 안된다.

이런 구문학습법을 토대로 한국어 문장을 영어식으로 재배치하는 연습을 지속한다면, 고등학교 내신 서술형이나 수행평가에서 탄탄한 문장 구성 능력을 발휘할 수 있을 것이다.

2. 문법: 영어 표현을 정확하게 만드는 뼈대

영어 문장을 정확하게 구사하는 데 있어 문법은 필수적인 요소이다. 중학교 시절에 문법을 소홀히 하면, 아무리 많은 단어를 외우고 문장 구조를 익혀도 문장을 만들 때 어색함이 계속 남게 된다. 문법은 영어의 뼈대와 같아서, 중학교 3년 동안 이를 탄탄하게 다지지 않으면, 고등학교에 올라가거나 수능·내신 시험을 치를 때 취약점이 드러나게 된다.

문법을 어려워하는 이유는 크게 두 가지로 나눌 수 있다.

(1) 문법 개념을 정확히 이해하지 못한 채 암기 위주로 넘어갔기 때문이다

중학교에서도 가정법, 분사구문, 관계사 같은 개념을 배우지만, 많은 학생이 이를 단순한 공식으로만 외우고 의미를 깊이 이해하지 못한 채 넘어가는 경우가 많다.

예를 들어, 가정법을 배울 때 "If + 주어 + 동사 과거형, 주어 + would + 동사원형" 같은 형식을 외우지만, 이러한 문장이 실제로 어떤 의미를 가지는지, 왜 이런 구조를 사용하는지를 이해하지 못하면, 고등학교에서 이를 적용하는 데 어려움을 겪게 된다.

문법이란 단순한 규칙 암기의 문제가 아니라, 문장의 의미를 정확하게 이해하고 표현할 수 있도록 돕는 도구이다. 중학교 때 개념을 피상적으로 배운 채 넘어가면, 고등학교에 가서 독해나 영작을 할 때,

"이 문장에서 왜 이런 시제를 써야 하지?"

"이 구문을 어떻게 변형해야 하지?" 같은 의문이 끊임없이 생기게 된다.

(2) 어휘와 문장 구조가 복잡해지면서 문법도 어렵게 느껴지기 때문이다

문법 자체가 고등학교에서 갑자기 더 어려워지는 것이 아니다. 하지만 중학교 때 익숙했던 짧고 단순한 문장 대신, 고등학교에서는 더 길고 복잡한 문장이 등장하면서 문법을 적용하기 어려워진다.

예를 들어, 관계대명사를 배울 때 중학교에서는 "This is the book that I bought." 같은 문장을 통해 개념을 익힌다. 하지만 고등학교에서는 다음과 같은 문장을 접하게 된다.

"The theory that the scientist, who was awarded the Nobel Prize, proposed has revolutionized modern physics."

이처럼 문장이 길어지고 문법 요소가 겹쳐지면서, 학생들은 문법이 갑자기 어려워졌다고 느낀다. 하지만 사실 문법이 어려워진

것이 아니라, 문장 속에서 단어와 구조가 복잡 해졌기 때문이다.

고등학교에서 문법이 어렵지 않으려면, 중학교 때 이렇게 공부해야 한다

(1) 문법 개념을 단순 암기하지 말고, 의미를 이해하며 익히기

문법 개념을 암기하는 것만으로는 충분하지 않다. 실제 문장에서 어떻게 활용되는지를 이해해야 한다. 예를 들어

"If I were you, I would apologize." → "내가 너라면 사과할텐데" (하지만 사실 나는 너가 아니다)

단순히 "가정법 과거는 If + 주어 + 동사 과거형, 주어 + would + 동사원형"이라는 형식만 외우는 것이 아니라, 이 문장이 실제로 어떤 의미를 전달하는지를 파악해야 한다.

(2) 문장에서 문법이 어떻게 쓰이는지 체험하기

문법 개념을 배울 때 단순한 예문으로 끝내는 것이 아니라, 독해나 영작을 통해 실제 문장에서 문법이 어떻게 활용되는지를 익혀야 한다.

예를 들어 관계대명사를 배울 때,

"This is the book that I bought." 같은 쉬운 문장 뿐만 아니라,

"The book that I borrowed from the library yesterday was very interesting."

같은 문장을 분석하며 관계대명사의 역할을 이해해야 한다.

(3) 고등학교 수준의 문장도 천천히 접하면서 익숙해지기

중3 무렵부터는 고등학교 수준의 문장을 조금씩 접하면서 문법 뿐만 아니라 어휘와 문장 구조도 함께 분석하는 연습을 해야 한다.

분사구문을 배울 때,

"Feeling tired, I went to bed early." 같은 쉬운 문장에서 시작해서

"The student, having finished his homework, went out to play."

같은 문장으로 확장하면, 보다 자연스럽게 문법을 체득할 수 있다.

중학교 때 문법을 끝내면, 고등학교에서 문법이 문제가 되지 않는다

중학교 과정에서 문법 개념을 정확히 익히고 활용하는 연습을 충분히 하면, 고등학교에 가서 문법 때문에 어려움을 겪을 일이 거

의 없다. 중학교에서 익힌 문법 개념은 고등학교에서도 동일하게 적용되며, 문법 자체가 더 어려워지는 것이 아니라 문장 속 어휘와 구조가 복잡해지는 것이 문제일 뿐이다.

예를 들어, 중학교 시절에 to부정사, 동명사, 시제, 조동사 같은 핵심 문법 개념을 애매하게 배워 놓으면, 고등학교에서 조금만 변형된 문장을 접해도 "어느 시제와 구문을 써야 하지?" 하고 헷갈리게 된다. 또한, 수행평가나 서술형 문제에서 자신의 의견을 영어로 표현해야 할 때 문법적 정확성이 부족하면 자신의 생각을 제대로 전달하기 어려워진다.

따라서, 중학교에서 문법을 완벽하게 정리하고, 독해와 영작 속에서 자연스럽게 활용하는 경험을 쌓아 놓으면, 고등학교에서 문법을 새롭게 공부할 필요 없이 문장을 이해하는 데 집중할 수 있다.

중학교에서 문법을 확실히 익히면, 고등학교에서 문법이 걸림돌이 되지 않는다

문법이 어려운 이유는 문법 자체가 아니라, 단어와 문장 구조가 어려워지기 때문이다. 따라서 중학교 때부터 문법을 문맥 속에서 자연스럽게 익히는 연습이 필요하다.

부모와 교사는 학생이 단순 암기에 의존하지 않고,

"이 문장이 왜 이런 구조를 가지는가?"

"왜 이 문장에서 현재완료를 사용했을까?"

같은 질문을 스스로 생각해 볼 수 있도록 해야 한다. 예를 들어,

"She has visited London twice." 라는 문장을 학습할 때, 단순히 "현재완료는 has/have + 과거분사"라는 규칙만 외우게 하는 것이 아니라, "왜 현재완료가 사용되었는지?" 그 의미를 이해하고 설명할 수 있도록 도와야 한다.

이처럼 문법을 단순 암기가 아닌 의미 중심으로 학습하면, 학생들은 고등학교에서도 문법을 어렵게 느끼지 않고 자연스럽게 활용할 수 있다.

중학교에서 문법을 제대로 익히고 마무리해야, 고등학교에서 문법이 더 이상 걸림돌이 되지 않는다.

반드시 알아야 하는 중등 필수 문법 10가지

중학교에서 꼭 알아야 할 핵심 문법들을 간략히 정리했다. 이 한 장만 숙지해도 중등 영어 문법의 뼈대를 잡을 수 있다!

1. 동사의 시제 (Tenses)
동작이 일어난 시점
단순시제(현재·과거·미래)과 진행시제(현재, 과거, 미래)·완료시제

(현재.과거)에 대한 명확한 이해가 필요하다.

ex) I run → I ran → I will run

2.to부정사, 동명사, 분사

to부정사(to + 동사원형): 문장에서 명사·형용사·부사 기능

동명사(동사 + -ing): 문장에서 명사 역할(주어·목적어 보어등)

분사(현재분사 -ing, 과거분사 -ed/-pp): 형용사처럼 명사를 꾸며 주거나 보충 설명

3.분사구문

부사절을 부사구로 바꾼 형태로, 문장을 간결하고 자연스럽게 만든다.

ex) (While) walking down the street → Walking down the street.

4.수동태 (Passive Voice)

be + 과거분사' 형태로, 행위가 일어난 대상(목적어)을 문장의 주어로 삼아 표현한다.

ex)The cake was made by her.

5.비교급 (Comparatives)

형용사나 부사에 '-er' 또는 'more'를 붙여 두 대상의 정도를 비교한다.

ex)taller, more interesting

6.접속사 (Conjunctions)

and, but, because, when / not only ~ but (also)~ , not~ but~ , both ~ and ~, 등으로 문장과 문장을 연결해, 논리적 흐름을 만든다. 복잡한 문장을 간결하게 구성하고 의미를 풍부하게 해 준다.

7.관계대명사 & 관계부사 (Relative Pronouns & Adverbs)

관계대명사(who, which, that): 명사를 수식하는 형용사절
관계부사(when, where, why): 명사를 수식하는 형용사절
*관계대명사절과 관계부사절은 모두 형용사 절이다. 둘의 차이를 이해해야 한다.

8.명사절 (Noun Clauses)

문장에서 주어·목적어·보어 역할을 하는 절(주로 that절, if절 등)
명사절을 이끄는 that과 관계대명사 what의 쓰임을 구분해야 한다.

9.가정법 (Conditionals)

실제 사실이 아닌 상황(가정·소망)을 표현한다.

평서문보다 시제를 한 단계 앞서 쓰는 경우가 많으므로 주의 해야 한다.

ex) If I were you, I would 동사원형~ (내가 너가 아니어서 동 사 할 수 없다는 의미의 현재시제)

10.수 일치 (Subject-Verb Agreement)

주어가 단수인지 복수인지에 따라 동사의 수를 일치 시킨다. (동사의 형태가 달라진다.)

셀 수 없는 명사·집합 명사·부분을 나타내는 말 (most, %, 분수 등), 길어진 주어(형용사절 수식 등)로 인해 혼동하지 않도록 주 의해야 한다.

3. 어휘: 폭넓은 영어 사용을 가능하게 하는 기둥

중학교 영어에서 어휘는 그야말로 '연결고리' 역할을 한다. 아무 리 문법과 문장구조를 잘 알아도, 정작 단어를 모르고는 긴 문장을 해석할 수도, 스스로 표현해 낼 수도 없다. 중학교에 들어서는 학습 범위가 빠르게 확장되기 때문에, 초등학교에서 익힌 생활 어휘만으로는 점차 대응하기 어렵다. 따라서 중학교 시절에는 보다 폭넓고 체계적인 어휘 학습이 필수다.

어휘 량이 충분하면 여러 측면에서 큰 장점을 누린다. 우선 독해나 듣기에서 모르는 단어가 줄어들어 이해 속도가 빨라진다. 독해를 할 때 단어를 하나하나 사전에서 찾아야 하면 지문 자체를 완주하기 어렵고, 해석 흐름이 끊긴다. 반대로 단어를 미리 알고 있으면 문장구조나 문법적 해석에도 여유가 생긴다. 자신감이 올라가면 독해 훈련이나 듣기 활동에 훨씬 적극적으로 임하게 된다.

쓰기도 마찬가지다. 문법적으로 정확한 문장을 만드는 것은 기본이고, 더 풍부한 어휘를 구사하면 아이가 표현하고 싶은 생각을 자유롭게 쓸 수 있게 된다. 예를 들어 "나는 좋아한다"만 반복하는 대신, "나는 즐긴다(enjoy)", "나는 선호한다(prefer)" 같은 다양한 어휘를 활용하면 글의 표현력이 올라간다. 그렇게 어휘 학습은 단순 암기가 아니라 "어떤 상황에서 어떤 단어를 쓰면 자연스러운지" 생각하면서 진행해야 한다.

중학교 단계에서는 초등 시절보다 훨씬 많은 어휘가 교과서와 부교재, 심지어 시험 문제 안에 쏟아진다. 학년이 올라갈수록 범위가 넓어지고 수준도 높아진다. 이 시기에는 하루 10~20개씩 꾸준히 단어를 익히면서, 교과서나 문제집 지문 속에서 해당 단어가 어떻게 쓰이는지 확인해 보는 식으로 반복 노출을 늘리는 것이 좋다. 이때 중요한 것은 아이가 "이 단어는 그냥 뜻만 외우면 되는 게 아니라, 문장 속에서 이렇게 쓰이는구나" 하고 깨닫는 과정이다. 이런 식의 문맥 학습을 거쳐야 오래 기억에 남고, 실제 독해와 쓰기에도 자연스럽게 활용할 수 있다.

부모 입장에서 어휘 학습을 도울 때는 너무 많은 분량을 한 번에 주기보다는, 주간 혹은 월간 목표를 나누어 주는 편이 효과적이다. 예를 들어 한 주에 30~50개 정도를 학습하고, 간단한 테스트나 퀴즈를 통해 "정말 이 단어들을 익혔는지" 점검한다. 그 과정에서 잊어버린 단어를 찾아내고, 다시 교과서 문장이나 예문을 통해 복습하는 식으로 순환시키면 단순 암기보다 훨씬 효율이 높다. 조금 귀찮더라도 이렇게 중학교 시절에 어휘 기반을 확실히 다져 두면, 고등학교로 올라갔을 때 수능 어휘나 영어로 된 자료를 읽는 데도 훨씬 여유로워진다.

결국 중학교에서 어휘는 문장구조와 문법을 이어 주는 핵심 축이라고 할 수 있다. 폭넓은 어휘를 알아야 문장구조와 문법을 적용해 글을 읽거나 쓰는 과정이 매끄러워지고, 다양한 표현력을 통해 영어를 자유롭게 구사할 수 있게 된다. 이러한 어휘 실력을 중3 말까지 끌어 올려놓으면 고등학교 입시 영어가 '새롭게 모든 걸 시작해야 하는 과목'이 아니라, 익숙한 언어를 좀 더 심화하는 과목으로 바뀌게 된다.

입시 영어, 중3까지 끝내야 한다:
독해력을 중심으로 고등학교를 준비하는 이유

중학교 3학년이 끝날 무렵까지 영어를 사실상 마무리해 두면, 고등학교 진학 후 영어에 쏟아야 할 시간을 크게 줄일 수 있다. 고등학생이 되면 과목 수가 늘고 수행평가와 동아리 활동, 진로 준비 등 챙겨야 할 일이 많아진다. 만약 이때 영어까지 기초를 닦지 못했다면, 고등학교 과정에서 내신·수능을 동시에 준비하려고 무리하게 학습 시간을 늘려야 하고, 다른 과목이나 개인적 역량 계발에 투자할 시간이 부족해질 수밖에 없다. 반면 중3 시점에 영어의 큰 틀 – 문장구조, 문법, 어휘 – 를 거의 다 끝내 놓으면, 고등학교에서 새로운 개념을 배울 때도 "이미 한 번 익힌 것의 확장" 정도로 받아들여 부담이 훨씬 적다.

가장 결정적으로, 고등학교 영어에서 높은 비중을 차지하는 것은 '독해력'이다. 내신 시험이나 모의고사, 수능에서 긴 지문을 빠른 시간 안에 읽고 문제를 풀어야 하는 형식이 많기 때문이다. 중3까지 영어를 마무리한다는 것은 곧 "고등학교 수준 독해의 기초를 어느 정도 확보한다"는 의미이기도 하다. 이 시기에 기본 문장구조와 문법, 어휘를 탄탄히 해 놓으면, 고등학교에 들어가서 폭넓은 주제의 긴 지문도 원리가 같으니 좀 더 긴 문장을 나눠서 해석하면 되겠다고 생각하며 읽어 낼 수 있게 된다.

독해력을 제대로 키우려면, 단순히 단어를 암기하거나 문법 규칙을 외우는 데서 그치지 않고, 실제 글을 꾸준히 읽어 봐야 한다. 중학교 3학년까지 가능하다면 고등 수준에 조금 가까운 지문도 접해 보는 것이 좋다. 예를 들어 사회·과학·경제 등 다양한 분야의 글을 읽고 요약해 보는 습관을 들이면, 고등학교에서 다루는 독해 지문을 만나도 주제가 새롭지 않게 느껴진다. 미리 접해 본 독해 경험이 쌓여 있으면, 훗날 수능형 문제—빈칸 추론, 순서 배열, 문장 삽입 같은 유형에 빨리 적응하게 된다. 따라서 중학교 3학년이라는 시점은 본격적으로 고등 독해 훈련을 시작하기 전에 마지막으로 여유 있는 해이므로, 여기서 독해력의 기반을 튼튼히 다져 놓아야 한다.

결국 중3까지 영어를 끝내자는 전략은, 고등학교에 진학한 뒤 영어가 이미 어느 정도 궤도에 오른 과목으로 자리 잡도록 만들기 위한 투자다. 이는 입시 뿐만 아니라 고등학생이 되어 만나게 될 방대한 정보와 다양한 수행평가, 그리고 자기 주도적 학습에도 큰 도움을 준다. 영어 때문에 시간을 뺏기지 않아도 된다면, 다른 과목을 보강하거나 수행평가·프로젝트에 집중할 기회가 더 많아진다. 나아가 대학 입시 전략을 세울 때도 "영어는 안정권"이라는 안도감 속에서, 진로 목표에 맞춘 학습 플랜을 짤 수 있다.

따라서 중학교 1~2학년 때 다진 문법·어휘·문장구조를 바탕으로, 3학년 무렵에는 고등 영어 독해 방식을 선행해 보는 것이 필수적이다. 이렇게 중3에 영어를 마무리해 두면, 고등학교에 올라가서 "영어를 새로 시작해야 하는" 스트레스 없이 "이미 마친 내용을 복습하며 조금 더 심화하는" 여유로움을 즐길 수 있게 된다. 그만큼 다른 과목이나 활동에 투자할 시간을 벌게 되므로, 결국 중3에서의 영어 완성은 고등학교 학습 전반을 안정시키는 열쇠라고 할 수 있다.

3장
고등학교
로드맵

———————•

고등학교 영어 로드맵을 살펴보기 전에, 먼저 내신 영어와 수능 영어의 차이점을 이해하는 것이 중요하다. 내신 영어는 범위가 정해져 있고, 학교 선생님이 직접 문제를 출제하기 때문에 수업 시간에 다룬 내용과 출제 의도를 꼼꼼히 파악한 학생들이 유리하다. 또, 서술형과 수행평가를 통해 문법적으로 정확한 문장 작성이나 글의 주제를 아는지 묻는 문제가 나오므로, 차근차근 교과서와 부교재 수업 내용을 복습해서 본인만의 방식으로 이해하고 중요 문법 사항이 포함된 문장은 해석을 보고 영작이 가능한 학생들 즉 성실한 학생들이 좋은 결과를 얻기 쉽다.

반면 수능은 범위가 정해져 있지 않고, 영어 전반에 걸친 실력을 평가한다. 낯선 지문이 출제되거나, 다양한 난이도와 주제의 문제들이 섞여 있기 때문에, 수능 영어에 대비하려면 단순히 교과서나 부교재에 나온 내용만으로는 부족하다. 새로운 글을 빠르고 정확하게 해석하고, 문제 유형에 맞춰 논리적으로 접근할 수 있어야 한다. 다시 말해 영어에 내공이 있는 학생들이 수능 고득점을 얻는데 유리하다. 따라서 내신과 수능은 서로 다른 특징과 대비 전략을 요구하고, 학생 개개인의 성향이나 강점에 따라 어느 한쪽에 더 자신 있는 경우도 많다. 그렇지만 결국 고등학교 생활을 성공적으로 마무리하려면 두 가지 모두를 균형 있게 공부해야 하므로, 이번 로드맵에서는 내신과 수능을 각각 어떻게 대비해야 하는지, 그리고 이를 어떻게 조화롭게 운영하면 좋을지 함께 살펴볼 것이다.

1. 내신 영어 로드맵: 학교 선생님이 출제하고, 수업이 답이다

고등학교 영어는 크게 내신 대비와 수능 대비로 나눌 수 있다. 그 중 내신 영어는 학교 선생님이 직접 범위를 정하고 문제를 출제한다는 점이 가장 큰 특징이다. 이 말은 곧, 교과서와 부교재, 수업 중에 강조된 내용을 빠짐없이 챙기고, 선생님이 어떤 의도로 문제를 내는지 예측해 보는 태도가 유리하다는 뜻이다. 내신 영어를 어떻게 준비해야 할지, 그리고 어떤 유형이 자주 나오며 그에 맞춰 어떻게 공부해야 할지를 살펴보자.

(1) 단어를 주고 문장 만들기: 문법적 요소가 필수

학교 내신 시험에서는 특정 단어들이 주어진 뒤, 이를 논리적인 어순으로 배열해 완성된 문장을 작성하도록 하는 유형이 자주 등장한다. 한 가지 사례를 보면 다음과 같은 단어가 주어질 수 있다.

have / demanded / The residents / that / the factory / address / the pollution issue

이 단어들을 올바른 문장 구조로 배열하면 다음과 같은 문장이 나온다.

The residents have demanded that the factory address the pollution issue.(주민들은 공장이 오염 문제를 해결할 것을 요구해 왔다.)

이런 식으로 단어 배열 문제가 출제될 때는 문장 속에서 주어, 동사, 목적어, 그리고 부수적인 구나 절이 어떻게 이어져야 하는지를 정확히 알고 있어야 한다. 내신 시험에서는 범위가 교과서와 부교재로 한정되어 있기 때문에, 교과서 예문이나 수업 자료에 등장하는 문법 구조와 어휘를 꼼꼼하게 학습하면 좋은 성과를 거둘 수 있다. 만약 주어진 단어들을 배열하는 과정에서 동사 변형(단수·복수, 시제 등)이나 접속사·대명사 같은 요소가 빠지거나 틀려 있으면 어색하거나 의미가 통하지 않게 되므로, 미리 교과서 문장이나 핵심 예문을 분석하며 문법적 규칙을 체계적으로 익혀야 한다. 이러한 학습 과정을 통해 문법 지식을 실전 문제 풀이에까지 확장해 적용할 수 있을 때, 학교 선생님이 낸 문제 유형에도 유연하게 대응할 수 있게 된다. 선생님 마다 출제 유형이 조금씩 다르다. 선생님의 출제 성향을 파악해 보는 것도 중요하다.

(2) 글의 주제를 묻는 서술형 문제: 사고력과 교과서 정리가 관건

고등학교 내신 시험에서는 영어 지문 속 작가의 핵심 주장이나 전체적인 주제를 묻는 문제가 자주 출제된다. "이 글의 주제는 무엇인가" 또는 "작가가 전하고자 하는 요지는 무엇인가" 같은 질문에 대한 답을 서술형으로 작성해야 하는 경우가 많은데 이 작업은 기본적인 영어 독해력 뿐만 아니라 논리적 정리와 사고력이 함께 요구된다. 만약 교과서를 단어와 문장 중심으로만 외우는 데 그친다면, 글의 표면적인 내용은 대략 알 수 있어도 실제로 작가가 강조하는 핵심 의도를 놓칠 수 있다.

문제가 출제되는 지문은 주로 교과서 본문이나 부교재에 포함된 텍스트에서 선정되는 경우가 많다. 범위가 정해져 있으니, 미리 내용 파악을 열심히 해 두면 분명 도움이 된다. 그런데 그 과정에서 글의 흐름과 구조를 꼼꼼히 이해하는 게 중요하다. 만약 문장을 줄줄 외우기만 하면-학습 량이 많아 외우는 것이 불가는 하지만- 시험장에서 조금만 다른 형태로 문제가 나오면 당황하게 된다. 글쓴이가 어떤 흐름으로 논리를 전개하는지, 각 단락에서 어떤 근거나 예시를 제시하며 주장을 발전시키는지를 정확히 짚을 수 있어야 주제나 요지를 놓치지 않게 된다.

시험에서는 보통 아이 스스로 글의 핵심을 정리하기를 요구한다. 내용이 길고 단어가 어려운 지문이라도, 주제와 흐름을 정확히 잡고 있으면 간단히 한두 줄로 정리해 답안을 작성할 수 있다. 그러려면 수업 시간에 글의 큰 맥락을 파악하고, 선생님이 강조하신 부분을 놓치지 않아야 한다. 결국 주제가 무엇인지, 글쓴이가 왜 이 이야기를 꺼냈는지, 어떤 결론이나 메시지로 마무리하는지를 알아두면 시험에서 글의 핵심을 묻는 질문에 어렵지 않게 답할 수 있다.

(3) 빈칸 채우기: 단어 or 구(절) 넣기

내신 영어 시험에서는 문장의 특정 부분이 비어 있고, 그 자리에 알맞은 구(phrase)를 넣어 완성해야 하는 문제 유형이 자주 나온다.

We decided to cancel the event _____ unexpected circumstances.

라는 문장이 주어질 수 있다. 여기에 in light of 같은 구를 넣으면, "예기치 못한 상황을 고려해 행사를 취소하기로 결정했다"라는 의미가 된다. 즉, 빈칸에 정확히 들어갈 구를 알아내려면 문장 전체 흐름과 함께 적절한 전치사나 표현을 떠올릴 수 있어야 한다.

이 문제 유형에서는 문법과 어휘가 결합된 응용력이 요구된다. 우선 문장 구조상 어느 위치에 어떤 품사가 들어와야 자연스러운지 판단해야 하고, 동시에 "이 맥락에서는 어떤 구(phrase)나 절(clause)이 들어가면 의미가 완전한가"를 생각해 봐야 한다. "unexpected circumstances"라는 단어나 구문을 미리 여러 문장 속에서 접해 본 경험이 있다면, 어떤 표현이 함께 쓰일 때 자연스러운지 금방 떠올릴 수 있다.

따라서 공부할 때 평소 교과서와 부교재에 나오는 구문이나 예시 문장들을 통해, 여기에 이런 구를 덧붙이면 문장이 어떻게 변하는지를 살펴보는 과정을 거치면 좋다. 어휘장이 따로 있더라도, 이 단어와 결합해 쓰는 전치사나 구를 실제 문장 속에서 익히지 않으면 막상 시험에서 빈칸을 채우기가 쉽지 않다. 특히 고등학생이 되면 길고 복잡한 문장에 여러 구(phrase)나 절(clause)이 결합되는 경우가 많으므로, 한 단어나 구가 문장 속에서 어떤 자리에 놓일 때 자연스러운가를 의식적으로 연습해 두는 것이 필요하다. 이렇게 학습해 두면, 학년이 올라가고 문제 유형이 다양해 지더라도 빈칸 채우기 문제에서 흔들리지 않는 탄탄한 응용력을 갖출 수 있다.

(4) 어휘: 다양한 뜻과 유의어, 그리고 Paraphrasing의 중요성

고등학교 내신 영어에서는 단어 하나가 여러 의미를 가질 뿐 아니라, 같은 의미를 가진 유의어를 찾거나 문장을 다른 표현으로 바꿔 쓰는(paraphrasing) 능력을 확인한다. 이를테면 "He decided to run for office"라는 문장이 있을 때, 여기서 run은 단순히 '달리다'가 아니라 '공직에 출마하다'라는 의미를 지닌다. 또 다른 예로 "The machine runs twenty-four hours a day"라는 문장에서는 run이 '작동하다'라는 뜻을 갖게 된다. 이렇게 한 단어가 상황과 맥락에 따라 의미가 달라질 수 있다.

시험 문제에서는 "underscored라는 단어를 다른 말로 표현하는 능력을 갖추고 있는지를 묻는 유의어나 동의어를 활용하는 형식이 나오기도 한다. The report underscored the need for immediate action (그 보고서는 즉각적인 조치의 필요성을 강조했다). 라는 문장을 보면서 'underscored'가 '밑줄을 긋다'라는 의미만 있다고 생각하면 당황할 수 있다. 문맥상 '강조하다'라는 뜻으로 쓰였으니, "The report highlighted the need for immediate action" 같은 형태로 paraphrasing하는 것이 자연스럽다. 이는 아이가 평소에 단어의 여러 쓰임새를 접해 둬야 가능한 응용력이다.

또 다른 예시로 He postponed the meeting to next Monday. 라는 문장이 있다. 'postponed'가 '연기하다'라는 뜻이라는 것을

모르는 경우, 이와 유의어 관계에 있는 He put off the meeting until next Monday.와 같이 바꿔 쓰라는 문제를 만났을 때 쉽게 틀리게 된다. 내신 시험에서는 이런 식으로 동의어나 유사 의미를 찾아서 문장을 변형하도록 요구하기도 하고, 반대로 한 문장을 다른 형태로 바꿔 쓰는 paraphrasing 문제가 자주 등장한다.

결국 어휘 학습을 할 때는 단어장이 나열한 뜻을 기계적으로 외우는 것에서 벗어나야 한다. 같은 단어라도 문맥과 품사에 따라 의미가 어떻게 달라지는지 살펴보고, 유의어와 반의어가 무엇인지, 그런 단어들이 실제 문장에서 어떤 분위기와 미묘한 차이를 만들어 내는지도 이해해야 한다. 아이가 이런 식으로 단어와 의미를 조금씩 연결해 나가면, 내신 시험에서 빈칸 채우기나 서술형 문제를 접했을 때 어떤 단어나 구가 이 자리에 들어가야 하는가를 보다 자신 있게 결정할 수 있다.

이처럼 다양하고 유연한 어휘 감각이 있으면, 교과서나 부교재에 수록된 글을 여러 방식으로 해석하거나 표현하는 것이 가능해진다. 독해력이 올라가고 쓰기 능력도 한층 탄탄해지기 때문에, 결과적으로 고등학교 생활 전반에서 영어가 어렵다는 느낌 대신 "활용할 수 있는 도구"라는 인식을 갖게 된다. 이를 통해 아이가 스스로 영어 공부를 재미있게 지속할 동기를 얻을 수 있고, 내신과 수능 둘 다 이미 폭넓은 어휘력을 갖춘 상태로 출발하게 된다.

고등학교 내신 영어는 범위가 확실히 정해져 있고, 선생님이 직접 문제를 출제한다는 점에서 교과서와 부교재를 충실히 학습하고, 수업시간에 강조된 내용과 출제 의도를 파악하는 것이 무엇보다 중요하다.

단어를 주고 문장 만들기 유형에서는 문장구조와 문법적 요소를 동시에 확인해야 한다. 주어진 단어가 어떤 순서로 배열되어야 자연스러운지, 시제나 문법이 어떻게 적용되는지를 꼼꼼히 살펴야 한다.

글의 주제를 묻는 서술형 문제는 학생의 논리적 사고력과 교과서, 부교재 본문 이해도를 함께 요구한다. 범위가 한정되어 있으니 수업시간에 강조된 흐름과 글쓴이의 주장이나 의도를 정확히 파악해 두면, 서술형에서 글의 요지나 핵심 포인트를 논리적으로 쓸 수 있다.

빈칸 채우기 문제에서는 문장 전체의 맥락과 문법을 동시에 고려해야 한다. 단어 한두 개만 아는 것으로는 부족하고, 구(phrase)나 절(clause)을 넣어야 할 경우도 있으니 평소 교과서와 부교재 예문을 통해 문장구조와 어휘가 결합되는 방식을 익혀 두면 도움이 된다.

어휘 문제에서는 같은 단어라도 다양한 의미와 용법을 챙기는 동시에, 유의어 찾기나 paraphrasing 능력까지 갖춰야 한다. 시험에서는 단어의 여러 뜻과 문맥의 쓰임새를 구분하게 하거나, 표현을 유사 의미로 바꿔 쓰도록 요구하는 경우가 많다. 평소 어휘를 익힐 때 다양한 맥락과 표현 변환을 함께 학습해 두면, 서술형이나 빈칸 문제에서도 어렵지 않게 대처할 수 있다.

결과적으로 내신 영어는 시험 범위와 문제 유형이 명확하므로, 교과서와 수업 내용을 성실하게 정리하고, 시험에서 요구되는 문법·어휘·문장구조를 차근차근 익힌다면 충분히 좋은 점수를 얻을 수 있다. 무엇보다 선생님이 수업 중 강조하신 포인트나 교과서의 핵심 문장들을 놓치지 않아야 한다. 이렇게 준비해 놓으면 아이는 내신 시험마다 급하게 벼락치기하지 않고, 영어 실력을 차근차근 늘려 가면서 성취감을 느낄 수 있을 것이다.

2. 입시 영어: 새로운 글을 독해하는 능력이 핵심

고등학교 내신 영어는 학교 수업과 범위가 뚜렷하지만, 수능 영어는 전혀 다르다. 아이가 교과서 위주로 공부를 해 왔더라도, 수능에서는 전혀 접해 보지 않은 주제나 긴 지문이 갑자기 등장하는 경우가 많다. 이때 문장구조와 문법, 어휘 같은 기본기가 탄탄하지 않으면 글 하나를 제대로 파악하기가 쉽지 않아, 어려운 문제를 만나면 당황하게 된다.

결국, 수능 영어에서 높은 점수를 받으려면 "아이 스스로 낯선 글을 읽고 이해해 나가는 능력"을 중학교 때부터 길러야 한다. 중학교 시절에 문장구조와 문법, 어휘라는 '3대 축'을 완성해 두지 않으면, 아무리 수능 문제 유형을 연습해도 막상 긴 지문 앞에서 해석이 꼬이기 쉽다. 특히 수능은 범위가 한정되어 있지 않으니, 중학교 시절부터 다양한 글을 접하면서 독해 감각을 키워 놓는 것이 좋다.

앞으로 살펴볼 로드맵은 수능 영어에서 자주 등장하는 문제 유형들을 구체적으로 다룰 것이다. 수능 영어는 주제, 제목, 요지를 묻는 중심 아이디어 찾기, 글의 흐름을 이해하기 위한 순서 배열 및 문장 삽입 문제, 빈칸 문제, 실용문 등 다양한 유형으로 구성된다. 이 글에서는 각 문제 유형이 실제 시험에서 학생들에게 어떤 어려움을 주고, 또 어떻게 극복할 수 있을지에 대해 다룰 예정이다. 유형별 로드맵을 참고하면 학생들이 수능장에서 낯선 글을 만나더라도 차근차근 읽을 수 있어, 수능 영어가 한층 더 친숙하고 부담 없이 느껴질 것이다.중학교 때 기본기가 없으면, 주제 문장을 찾아도 해석이 안 된다

고등학교 수능 영어에서 낯선 지문을 읽을 때, 글의 중심이 되는 주제 문장(main sentence)을 찾아내는 것은 중요한 출발점이다. 하지만 그 문장만 파악했다고 해서 나머지 부분을 완벽히 해석할 수 있는 것은 아니다. 학생이 "이 문장이 핵심 같아!"라고 직감적으로 요지 문장을 골랐다 하더라도, 글 전체의 흐름과 논리적 구조에 대한 이해가 부족하면 결국 문제를 틀릴 수밖에 없다. 예를 들어, 복잡한 문장구조나 고급 어휘가 포함된 문장을 만났을 때, 문법과 어휘 기초가 부족한 학생은 전체 의미를 제대로 파악하지 못할 수 있다. 이런 상황에서 단지 "여기가 핵심이다"라는 느낌에 의존해 답을 찍으면, 글 뒷부분이나 연결 문장에서 제공되는 중요한 정보를 놓칠 위험이 있다. 결국, 문제를 맞추기 어려워지고 제한된 시간 안에 다시 읽어도 전체 논리 흐름을 잡기 힘들어질 수 있다.

이 문제를 예방하려면, 중학교 때부터 문장 구조, 문법, 어휘를 탄탄히 다져야 한다. 문장 구조에 익숙해지면 긴 문장도 주어-동사-목적어와 같은 기본 구성 요소를 중심으로 분석하여 의미를 놓치지 않고 읽을 수 있다. 문법을 정확히 이해하면, 절의 역할이나 시제의 의미를 체계적으로 파악할 수 있다. 또한, 어휘력이 풍부하면 낯선 주제의 글에서도 핵심 단어를 빠르게 인식해 문맥을 추론

할 수 있다.

이와 같은 훈련은 수능 지문에서 요지 문장을 찾고 주변 문맥까지 정확히 해석하는 데 큰 도움이 될 것이다.

추천 로드맵의 예시

A. 단락 단위 독해 훈련

중학교 교과서나 다양한 리딩 자료를 활용해 단락별로 나눠 읽으며, 각 단락의 핵심 문장을 찾아보는 연습을 반복한다. 핵심 문장을 발견했다면, 그 문장이 왜 중요한지 뒷받침하는 세부 정보들도 함께 살펴보는 습관을 기른다.

B. 문장 분석 노트 작성

긴 문장이나 이해하기 어려운 문장을 만나면, 주어, 동사, 목적어를 표시하고 관계사나 분사와 같은 문법적 요소들을 구분해보는 문장 분석 노트를 작성한다. 중학교 시절부터 문법 책이나 교과서 예문을 통해 이런 연습을 해두면, 고등학교에서 낯선 지문을 접할 때도 구조를 쉽게 파악할 수 있다.

C. 어휘 확장과 맥락 훈련

새로운 단어나 표현을 만났을 때 단순히 의미만 외우지 않고, 실제 문장 속에서 어떻게 사용되는지 함께 기억한다. 이러한 방식으로 익힌 어휘는 독해 시 빠르게 떠올릴 수 있다. 중학교 교과서나 부교재를 읽을 때 이 단어는 이런 문맥에서 쓰인다는 것을 인식하는 습관을 들이는 것도 중요하다.

이러한 로드맵을 통해 중학교 시절부터 글 전체를 이해하는 연습을 꾸준히 해두면, 수능 영어에서 단순히 중심 문장을 찾는 데 그치지 않고 주어진 지문의 세부 정보를 정확히 파악할 수 있다. 결국 글의 중심 뿐 아니라 주변 문맥까지 놓치지 않으면, 출제자가 의도한 함정에 빠지지 않고 문제를 올바르게 풀 수 있다. 중학교 3학년 말까지 문장 구조, 문법, 어휘를 촘촘히 익혀 놓으면, 수능에서 낯선 글을 읽더라도 핵심을 빠르게 파악하고 정답을 도출하는 데 큰 도움이 될 것이다.

단락(Paragraph) 독해: 글 전체의 흐름을 잡아내는 훈련

수능 독해에서 단락 단위로 전개되는 지문을 만나면, 문장 몇 개만 이해하는 것으로는 부족하다. 글의 각 문장이 어떤 근거를 제시하고, 어떻게 결론으로 이어지는지 논리 전개를 놓쳐서는 정확한 해석이 불가능하다. 중학교 때 문장구조, 문법, 어휘 같은 기본기를 제대로 갖추지 못한 상태에서 단락 독해를 시도하면, 단어만 알고도 전체 흐름을 놓쳐 엉뚱한 결론에 이를 위험이 크다.
학생들이 단락 독해를 어려워하는 이유 중 하나는 서로 이어지는 문장들에 담긴 정보를 한꺼번에 흡수해야 한다는 점이다. 하나의 단락은 여러 문장이 모여서 특정 주제나 주장, 근거를 완성하므로, 단순히 앞뒤 두어 문장만 맞춰 해석한다고 해서 의도를 정확히 파악하기 어렵다. 어떤 문장은 핵심 논리를 제시하고, 다른 문장은 예시나 반론, 추가 근거를 담을 수 있다. 문장 하나하나에 매몰되지 않고, 전반적인 구조와 흐름을 파악하는 능력이 필요하다.

해결책 중 가장 효과적인 방법은 비 문학 텍스트를 충분히 읽는 것이다. 수능 지문은 주로 논리적이고 정보 중심적인 글이 많다. 이와 유사한 형식의 비 문학 자료(과학·사회·예술·인문 분야 등)를 꾸준히 읽으면, 정보가 문장 단위가 아니라 단락 단위로 뭉쳐서 제시되는 방식을 익숙하게 받아들일 수 있다. 글을 읽을 때는 중심 문장과 뒷받침 문장을 구분하고, 각 단락이 어떤 역할을 하는지(주제 제시·예시·반박·결론 등) 확인하려는 태도가 중요하다.

논리적인 흐름을 찾아내는 연습도 필수적이다. 단락 초반에 제시된 의견이 뒤에서 어떤 예시로 이어지고, 또 그 예시가 어떻게 결론이나 반론으로 연결되는지 추적해 보는 식이다. 글을 다 읽은 뒤, 이 단락은 어떤 주장을 펼쳤고, 뒤이어 나온 문장은 그 주장을 어떻게 뒷받침했나 간단히 정리하면, 쓰기나 말하기에도 직결되는 사고력이 생긴다.

단락 독해에 필요한 어휘나 문장구조는 중학교 단계에서 습득해야 고등학교에서 수능용 지문을 어렵지 않게 따라갈 수 있다. 짧은 문장만 이해하다가 단락 단위에 들어서면 정보량이 갑자기 늘어난 듯 느껴질 수 있으니, 중학교 시절부터 조금씩 분량을 늘려 가며 연습하는 게 가장 바람직하다. 한 단락을 통째로 요약하거나, 특정 문장이 전체에서 어떤 역할을 하는지 설명해 보는 과정도 독해력을 높이는 데 큰 도움이 된다.

수능 영어에서는 독해 지문 내에서 문장의 순서를 재배열하거나 특정 문장을 삽입하는 문제 유형이 자주 등장한다. 이러한 문제를 어려워하는 학생들은 대개 글의 논리적 흐름과 전후 맥락을 파악하는 능력이 부족한 경우가 많다. 각 문장을 개별적으로 해석할 수 있더라도, 글 전체의 전개 방식을 이해하지 못하면 순서 배열이나 문장 삽입 문제에서 어려움을 겪기 쉽다.

이러한 유형의 문제를 효과적으로 풀기 위해서는 우리말로 논리적 사고력을 키우는 것이 중요하다. 영어 문장이라 하더라도, 문장과 문장을 연결하는 접속사나 지시어를 살펴보면 이 부분은 이전 문장의 예시인지, 아니면 반론을 제시하는 문장인지 추론할 수 있다. 그러나 문법과 어휘 지식만으로는 이러한 흐름을 파악하기 어렵다. 따라서 글이 어떤 구조로 진행되는지 파악하기 위해서는 앞부분을 읽고 이 문장은 왜 나왔을까? 다음 문장은 어떤 식으로 이어질까? 라고 끊임없이 생각하는 연습이 필요하다.

이러한 연습을 통해 글의 전개 방식을 이해하면, 순서 배열 및 문장 삽입 문제를 보다 효과적으로 해결할 수 있다.

이러한 꾸준한 연습을 통해 글의 논리적 흐름을 파악하는 능력을 향상시키면, 수능 영어의 순서 배열 및 문장 삽입 문제를 효과적으로 해결할 수 있다. 특히, 다양한 비 문학 지문을 접하며 문장 간의 연결어와 전개 방식을 의도적으로 분석하는 습관을 기르면, 낯선 글에서도 전개 흐름을 빠르게 파악하여 문제를 수월하게 풀 수 있게 될 것이다.

추가로, 순서 배열 문제를 풀 때는 각 문장의 핵심 소재와 전개 내용을 파악하고, 논리적인 선후관계를 나타내는 단서들에 유의하는 것이 중요하다. 예를 들어, 연결부사나 지시 대명사(지시 형용사), 명사(대명사)의 반복 형태, 사건의 선후관계, 시간적 흐름 등을 주의 깊게 살펴보아야 한다.

빈칸 문제: 다섯 개의 선택지를 정확하게 해석해야 하는 이유

수능 영어에서 빈칸을 채우는 문제는 여러 선택지 중 하나를 골라 문장을 완성하는 형태로 출제되곤 한다. 다섯 개의 선택지 덕분에, 학생이 대략적으로 문맥을 이해했다면 정답을 찍어 맞출 수도 있을 것처럼 보이지만, 실제로는 매력적인 오답에 걸려들어 틀리기 십상이다. 이는 아이가 각 선택지의 문장을 정확히 해석하지 못하면, 그럴듯해 보이는 선택지를 골라버리는 상황이 자주 생긴다는 뜻이다.

빈칸 문제를 풀려면 먼저 지문의 논리 흐름을 놓치지 않아야 한다. 글이 어떤 주제나 의견을 펼치다가 빈칸 전후로 어떻게 전개되는지 살펴봐야, 어떤 구나 문장(또는 단어)이 들어가면 자연스러운 맥락이 형성되는지 알 수 있다. 만약 논리 관계를 놓치거나 주어-동사 대응을 잘못 파악하면, 해석이 어긋나기 시작한다. 이때 아이가 "이 선택지가 맞는 것 같아"라는 느낌만으로 답을 고르면, 오답이지만 문장 하나만 보면 말이 되는 선택지에 그대로 걸려들게 된다.

문제 해결 전략으로는, 우선 지문 전체에서 빈칸 부분의 앞뒤 문장과 논리적으로 어떻게 이어지는지를 명확히 살펴보는 습관이 필요하다. 빈칸 바로 앞 문장, 빈칸이 들어간 문장, 빈칸 뒤 문장을 끊어 읽으며 "이 글이 어떤 주장을 하는지" 스스로 정리해 보면, 그 맥락에 맞지 않는 선택지는 자연스레 걸러진다. 특히 선택지 자체가 장황하거나 난해해 보일 때도, 품사와 문장구조를 다시 한번 분석해 "이 선택지가 문법이나 의미 면에서 전후 문장과 맞물리는가" 점검하면 생각보다 쉽게 배제할 수 있다.

어휘력 또한 중요하다. 선택지에 실린 한두 단어가 낯설거나 여러 뜻을 가지고 있으면 잘못 해석하기 쉽기 때문이다. 이런 상황에서는 앞뒤 문장에서 제공되는 실마리를 찾아 "이 문장에서 이 단어가 어떤 맥락으로 해석되는지" 확인하면서 차분히 비교해야 한다. 중학교에서부터 문장구조·문법·어휘를 골고루 익힌 아이들은, 낯선 단어나 표현을 만났을 때도 곧바로 당황하지 않고 유추해 나가며 정확도를 높일 수 있다.

빈칸 문제는 결국 "얼핏 읽으면 그럴듯한 매력적인 오답을 걸러내는 과정이다. 학생이 글 전체 흐름과 각 선택지의 문장 구조를 모두 점검해 보는 연습을 할수록, 매력적인 오답에 안 걸리고 정답을 찾게 된다. 중학교 때부터 긴 지문에서 주어진 문장이나 구절이 어떻게 연결되는지 살펴보고, 어휘를 맥락 속에서 이해하는 습관을 들여야 고등학교 수능 빈칸 유형에서 제 실력을 발휘할 수 있다.

비 문학 읽기의 중요성과 배경 지식의 힘

수능 영어에서 주제, 제목, 요지, 주장, 빈칸 추론, 순서 배열, 문장 삽입 등의 문제를 효과적으로 풀기 위해서는 모국어인 한국어 비 문학 독해 능력을 길러야 한다. 중학교 시절부터 비 문학 학습을 통해 배경 지식을 넓히는 것이 중요하다.

수능 영어는 길고 난이도 높은 지문을 제한된 시간 내에 이해하고 문제를 해결해야 한다. 이러한 상황에서 국어 실력이 탄탄한 학생들이 영어 독해에서도 우수한 성과를 보이는 경우가 많다. 국어 능력이 뛰어난 학생들은 다양한 주제의 글을 읽어왔기 때문에, 영어 지문을 접할 때 낯선 어휘나 표현에 부딪히더라도 글의 흐름과 구조를 빠르게 파악할 수 있다. 이는 모국어로 기른 논리적 독해력이 영어 독해에도 그대로 적용되기 때문이다.

글을 잘 읽기 위해서는 단순히 문장 구조와 어휘를 아는 것뿐만 아니라, 글 전반에 대한 배경 지식을 갖추는 것이 필요하다. 배경 지식이 풍부하면 지문이 다루는 개념이나 사례가 낯설지 않게 느껴지며, 핵심을 쉽게 파악할 수 있다. 예를 들어, 과학, 역사, 사회 문제 등 교과서 밖의 주제가 수능 영어 지문에 등장하더라도, 모국어로 쌓은 배경 지식이 있다면 "이것은 이러한 맥락이구나" 하고 쉽게 추론할 수 있다. 이처럼 언어 능력과 배경 지식이 결합되면 난해해 보이는 영어 글도 한결 쉽게 이해할 수 있다.

중학교 시절에 비 문학 글을 충분히 읽고, 모국어로 배경 지식을 늘려가는 습관은 입시 영어에서 결정적인 역할을 한다. 국어를 통해 논리력과 사고력을 기른 학생들은 영어 지문에서도 문장 하나하나의 의미에만 집중하지 않고 글의 주제와 흐름을 파악하는 데 능숙해 진다. 다양하고 깊이 있는 배경 지식을 갖추고, 비 문학 읽기를 통해 논리 전개 방식을 자연스럽게 익히면, 영어가 낯선 언어가 아니라 익숙한 도구처럼 느껴질 것이며, 수능 영어도 한층 더 편안하게 준비할 수 있을 것이다.

수능 영어에서는 독해 지문 안에서 문장의 순서를 재배열하거나, 특정 문장을 어디에 삽입해야 하는지를 묻는 유형이 자주 등장한다. 이러한 문제를 어렵게 느끼는 학생들은 보통 글에 담긴 논리적 흐름과 전후 맥락을 연결하는 능력이 부족한 경우가 많다. 문장 하나하나를 따로따로 해석할 수 있어도, 글 전체의 전개 방식을 놓치면 순서 배열이나 삽입 문제에서 헤매기 쉽다.

이러한 유형의 문제를 효과적으로 풀기 위해서는 우리말로 논리적 사고력을 키우는 것이 중요하다. 영어 문장의 경우, 문장과 문장을 연결하는 연결사나 지시사를 살피면 "이 부분은 이전 문장의 예시인지, 아니면 반론을 제시하는 문장인지" 추론할 수 있다. 그러나 문법과 어휘 지식만으로는 이러한 흐름을 짚어내기 어렵다. 따라서 글이 어떤 구조로 진행되는지 파악하려면 앞부분을 읽고 "이 문장은 왜 나왔을까?" "다음 문장은 어떤 식으로 이어질까?"라고 끊임없이 생각해야 한다.

해결책 중 하나는 비 문학 텍스트를 읽되, 문장 간 연결어와 전개 방식을 의도적으로 살피는 방법이다. 글을 다 읽은 뒤, "처음 문장과 두 번째 문장의 논리 관계는 무엇이었나?" "이 문장은 구체적인 예시인가, 아니면 반대 의견인가?"를 스스로 정리하면, 순서 배열 문제에서도 그 흐름을 재현할 수 있다. 특히, 논설문이나 칼럼처럼 논리가 뚜렷한 글을 자주 접하면, 이야기 흐름을 짚어 나가는 연습이 가능하다.

문장 삽입 문제도 비슷한 맥락이다. 글의 흐름 속에서 빠진 문장을 어디에 넣어야 자연스러운지 판단하려면, 이전 문장에서 어떤 내용을 다뤘고, 다음 문장에서는 어떻게 전개될지를 머릿속에서 시뮬레이션해 보는 훈련이 필수적이다. 이 과정에서 이 문장의 지시어가 어디를 가리키는지, 연결어가 의미하는 바가 무엇인지 꼼꼼히 살펴야 한다.

　중학교 시절에 문장 구조, 문법, 어휘를 먼저 잘 익힌 학생들은, 고등학교에서 순서 배열이나 문장 삽입 문제를 풀 때 해석 자체에는 막히지 않는다. 여기에 추가로 글의 논리 흐름을 파악하는 습관이 더해져야, 문제에서 제시된 여러 문장 조각을 재배열하거나 새로 끼워 넣는 과정을 쉽게 해결한다. 특히, 고등학교 교과서나 문제집에서 다루는 비 문학 지문을 평소부터 논리적으로 분해, 정리하는 연습이 큰 도움이 된다. 이렇게 꾸준히 훈련하면, 수능 시점에 가서도 낯선 글의 전개 흐름을 즉시 파악하고, 순서 배열이나 삽입 문제를 수월하게 풀 수 있게 된다.

　결국, 중학교 시절에 비문학을 충분히 읽고, 모국어로 쌓은 배경지식을 늘려 가는 습관이 입시 영어에서 결정적인 역할을 한다. 아이가 국어를 통해 논리력과 사고력을 길렀다면, 영어 지문에서도 문장 하나하나의 의미만 따지지 않고 글의 주제와 흐름을 파악하는 데 능숙 해진다. 다양하고 깊이 있는 배경 지식을 갖추고, 비 문학 읽기로 논리 전개 방식을 자연스럽게 익히면, 영어가 낯선 언어가 아니라 익숙한 도구처럼 느껴질 것이고, 수능 영어도 한층 더 편안하게 준비할 수 있을 것이다.

고등영어 로드맵 요약

1. 내신 영어 대비와 수능 영어 대비의 차이

내신 영어:

- 학교 교과서와 부교재의 범위 내에서 출제되며, 선생님이 출제 의도를 반영함
- 수업 시간에 배운 내용과 문법, 어휘, 문장 구조를 꼼꼼히 익히면 좋은 결과를 얻을 수 있음

수능 영어:

- 시험 범위가 한정되어 있지 않고, 다양한 주제와 난이도의 지문이 출제됨
- 기본기가 탄탄해야 낯선 지문도 빠르고 정확하게 해석할 수 있음
- 영어에 대한 내공(문장 구조, 문법, 어휘)이 중요함

2. 내신 영어 대비 전략

단어 배열 및 문법 문제:

- 주어진 단어를 올바른 문장 순서로 배열하는 문제로, 기본 문법과 문장 구성에 대한 이해가 필수적임
- 교과서 예문과 수업 내용을 반복해서 학습

서술형 문제(글의 주제와 요지):

- 글의 전체 흐름과 작가의 의도를 파악하는 능력이 요구됨

- 단순 암기가 아닌, 글의 논리 전개를 이해하는 연습이 필요

빈칸 채우기:

- 문장의 전체 흐름과 문법적 구조를 함께 고려하여 답을 도출해야 함
- 다양한 예문을 통해 어휘와 문법이 어떻게 결합되는지 연습

어휘 학습:

- 단어의 여러 뜻과 유의어, 표현 변환(paraphrasing) 능력을 길러야 함
- 단순 암기보다는 실제 문장 속 사용 예를 통해 자연스럽게 익히는 것이 중요함

3. 수능 영어 대비 전략 및 추천 로드맵

낯선 지문 해석 능력:

- 글의 중심 문장(주제 문장)만 찾아서는 부족하며, 전체 논리와 세부 정보를 함께 파악해야 함
- 복잡한 문장이나 어려운 어휘가 나오면 기본 문법, 어휘, 문장 구조를 탄탄하게 익힌 덕분에 효과적으로 해석 가능함

A. 단락 단위 독해 훈련:

중학교 교과서 및 다양한 리딩 자료를 통해 단락별로 핵심 문장을 찾고, 그 문장이 왜 중요한지 함께 파악하는 연습

B. 문장 분석 노트 작성:

긴 문장이나 어려운 문장을 만났을 때 주어, 동사, 목적어, 그리고 문법 요소를 표시하며 분석하는 노트 작성 연습

C. 어휘 확장과 맥락 훈련:

새로운 단어와 표현을 단순 암기하지 않고 문장 속에서 어떻게 쓰이는지 이해하며, 문맥에 맞게 기억하는 습관 기르기

D. 비 문학 읽기의 중요성:

- 국어 독해 능력과 배경 지식을 통해 영어 지문의 전체 흐름과 논리 전개를 쉽게 파악할 수 있음
- 중학교 때부터 다양한 비 문학 자료(과학, 역사, 사회 등)를 읽으며 배경 지식을 쌓아두면 수능 영어에도 긍정적인 영향을 줌
- 내신 영어와 수능 영어는 각각 다른 특징과 대비 전략이 필요하지만, 둘 다 균형 있게 준비해야 고등학교 영어 전반에서 좋은 성과를 얻을 수 있음
- 중학교 시절부터 문장 구조, 문법, 어휘의 기초를 다지고, 다양한 독해 연습(단락 독해, 문장 분석, 어휘 학습 등)을 통해 영어의 전반적인 내공을 키워야 함
- 특히, 수능 영어는 낯선 지문에서도 전체 논리와 세부 정보를 놓치지 않는 독해력과 문제 해결 능력이 중요하며, 이는 평소 꾸준한 연습과 비 문학 읽기 습관으로 길러진다.

태도가 성적과 미래를 바꾼다: 서울교대 합격생이 증명한 성공 법칙

공부는 단순히 머리로만 하는 일이 아니다. 아이가 어려움에 직면했을 때 보여주는 태도와 꾸준한 노력이 학업 성취는 물론 인생의 성공을 결정짓는 중요한 요소이다. 태도는 단순히 학습 방식의 문제가 아니다. 실패를 받아들이고 극복하는 방식의 문제이다.

이 장에서는 태도와 꾸준함이 아이들에게 어떤 변화를 가져오는지 살펴보려 한다. 실수와 좌절을 딛고 성공으로 나아간 아이들의 이야기를 통해, 태도가 얼마나 강력한 힘을 발휘할 수 있는지 함께 확인 해보길 바란다.

고1 3월 모의고사가 끝난 후, 한 학생이 나를 찾아왔다. 수연이었다. 중학교 3년 내내 전교 1등을 놓치지 않은 우수한 학생이었지만, 고등학교에 진학한 후 처음 치른 3월 모의고사에서 뜻밖의 성적표를 받아 들었다.

"5등급이요."

힘겹게 내뱉은 수연의 대답에 그녀의 눈가가 붉어졌다. 처음 겪어보는 성적의 하락은 그녀에게 큰 충격이었다. 듣기, 문법, 구문, 독해 어느 것 하나 기본기가 잡혀 있지 않았다. 그동안의 노력이 부정당한 듯한 기분에, 수연이는 속상함을 감추지 못하고 눈물을 흘렸다.

나는 수연이가 이대로 포기하지 않기를 바라는 마음으로 같은 학교 학생들로 한 그룹을 만들어 함께 공부를 시작했다. 수연이는 더 실력이 좋은 친구들과 그룹 학습을 하면서 자신감을 잃지 않고 오히려 동기 부여를 받았다. 친구들과 토론과 문제 풀이 과정을 통해 부족한 부분을 보완하고, 더 효율적인 학습 방법을 배웠다 수연이보다 영어 실력이 좋은 친구들 사이에서 수연이는 위축되지 않았다. 아니, 오히려 자극을 받아 더 노력했다.

수연이는 특별한 학생이었다. 다른 학생들과 달리 주어진 숙제를 절대 미루지 않았고 시간이 부족하더라도 수연이에게 더 많이 부여된 모든 과제를 완벽히 해냈다. 학습에 대한 그녀의 진지함과 집중력은 남달랐다.

특히, 수연이의 학교 시험 범위는 방대했다. 교과서, 부교재, 모의고사 지문까지 합치면 약 100개의 지문을 학습해야 했다. 많은 학생들이 이런 양에 겁을 먹고 포기하기도 했다. 하지만 수연이는 달랐다. "이 많은 걸 언제 다 해?"라는 불만 대신, 묵묵히 시키는 대로 따랐다. 간혹 수업 일정이 바뀌어도, 불평 없이 따랐다. 이런 모습은 성실함을 넘어 열정과 책임감의 표본이었다.

수연이의 한결같은 노력은 단순한 성실함을 넘어 학습에서 태도가 얼

22년차 학원장이 알려주는 입시 영어 로드맵

마나 중요한지를 보여주는 사례이다. 학습 심리학자 Dr. Emily Carter는 '긍정적인 태도와 꾸준함이 학습 효율성을 40% 이상 높인다'고 말한다.

첫 번째 중간고사에서 수연이는 전교 3등을 차지했다. 모의고사에서 5등급을 받았던 학생이 단 한 학기 만에 만든 성과였다. 그리고 이어진 기말고사에서는 마침내 전교 1등에 올랐다.

수연이의 노력은 단순히 성적 향상을 넘어서 자신의 가능성을 증명한 순간이었다. 기초가 부족했던 상태에서 출발했지만, 그녀는 그 기초를 다지며 놀라운 속도로 성장했다.

수연이는 결국 자신의 꿈인 서울교대에 당당히 합격했고, 지금은 열정적인 교사가 되어 어린아이들을 가르치고 있다. 그녀가 보여준 성실함과 끈기는 제자들에게도 그대로 전달될 것이다.

수연이의 이야기는 태도가 성적과 미래를 어떻게 바꿀 수 있는지를 보여주는 강력한 사례이다. 아무리 좋은 환경과 재능이 있더라도, 올바른 태도가 없다면 원하는 성과를 이루기 어렵다. 반대로, 부족한 환경에서도 바른 태도와 끈기를 가지고 노력한다면 충분히 목표를 이룰 수 있다.

학습 동기 연구자 Dr. Rachel Green은 이렇게 말한다.

"학생이 스스로 공부를 관리하고 목표를 설정하는 습관은 평생의 학습 능력을 좌우한다."

수연이는 이러한 태도의 힘을 입증한 학생이다. 수연이 뿐만 아니라 비슷한 상황에서 올바른 태도를 통해 성취를 이룬 많은 학생들이 있다.

이들은 한결같은 끈기와 책임감을 통해 자신의 한계를 뛰어넘으며 꿈에 한 걸음 더 다가갔다.

Dr. Emily Carter는 다음과 같이 강조한다.

"성적의 상승은 태도의 변화를 통해 이루어진다."

이 말처럼, 학습에서 가장 중요한 첫걸음은 태도를 바꾸는 것이다. 수연이가 보여준 성실함과 포기하지 않는 열정은 모든 학생이 가져야 할 기본자세이다.

오늘, 우리 자녀는 어떤 태도로 공부에 임하고 있나? 태도가 바뀌면 성적도, 그리고 미래도 달라질 수 있다. 수연이의 이야기가 여러분 자녀의 학습 여정에 작은 동기와 희망이 되길 바란다.

4부

중고등 내신과
고등 입시, 동시에
잡는 실전 전략

22년차 학원장이 알려주는 **입시 영어 로드맵**

내신 영어
완벽 대비 방법

내신 영어를 잘 대비하려면, 진부하지만 단순히 문제집이나 기출만 푸는 것이 아니라, 학교 수업을 충실히 듣고 교과서·부교재를 깊이 파악해야 한다. 왜냐하면 내신 시험은 학교 선생님이 직접 출제하기 때문이다. 선생님은 수업에서 강조한 포인트나 교과서 지문의 특정 부분을 변형·재구성해 문제를 낼 가능성이 높다. 또한 선생님마다 출제 성향이 달라, 어떤 유형을 좋아하는지, 서술형을 어떻게 구성하는지, 어휘 문제를 비중 있게 다루는지 등을 미리 알아두면 같은 시간 공부해도 훨씬 효율적으로 준비할 수 있다. 이번 장에서는 수업을 충실히 듣는 요령, 선생님 출제 성향 파악, 교과서·부교재 중심 서술형·수행평가 대비, 그리고 내신 범위 최대치 성과

노하우와 모의고사·단원 평가 활용이라는 측면을 중심으로 구체적인 전략을 살펴본다.

수업을 충실히 듣고 선생님 출제 성향을 파악하기

1. 수업이 곧 시험 범위의 출발점

선생님이 수업에서 강조하는 문장·어휘

선생님이 "이 부분 중요하다" "이 문법은 꼭 알아 둬라"라고 말하면 실제 내신 시험에 그대로 반영될 가능성이 높다. 수업 중에 포인트를 적거나 교과서 특정 문장에 강조 한다면 아이가 별도의 노트에 적어 두게 한다. 서술형 문제로 출제될 확률도 크다.

질문 시간 활용

수업이 끝나고 아이가 궁금한 점이 있으면, 바로 선생님께 질문하도록 독려한다. 이때 아이가 구체적으로 "이 단락에서 이런 식으로 해석되는 게 맞나요?"라고 묻는 습관을 가지면 선생님이 추가 팁을 알려줄 때가 많다. 그러면 시험 문제를 만들 때도, 그 팁과 관련된 문제가 나올 수 있다.

수업 태도가 서술형·수행평가에 연결

내신 영어에서는 서술형과 수행평가가 점수를 좌우하기도 한다.

선생님이 수업 중에 "이 내용을 글로 정리해 보자" "이 부분을 발표할 수 있겠어?"라고 말하면, 그것이 수행평가로 이어질 수 있다. 따라서 수업 태도를 좋게 유지하면, 시험에서 더 정확히 무엇을 평가하는지 감을 잡게 된다.

2. 선생님의 출제 성향 파악

기출·과거 시험 문제 분석

아이 혹은 학부모가 이전 학기의 영어 시험 문제를 볼 수 있다면, "어떤 유형이 많이 나왔는지, 서술형의 분량은 어느 정도인지, 어휘 문제는 빈칸 형태인지" 등을 확인한다. 선생님별로 선호하는 문제 유형이 반복되는 경향이 있다.

수업 중 힌트 포착

어떤 선생님은 "여기서 이런 식으로 문제화가 가능하다" 라고 애매하게 힌트를 주기도 한다. 아이가 수업을 집중해서 들으면, "A 단어의 뉘앙스를 구분해라" 라고 하거나 "이 구문은 중점적으로 해석해 봐" 라고 지시하는 순간들을 캐치할 수 있다.

가정에서의 예측 학습

선생님이 연결사를 중요하게 보는 편이라면 교과서 문장에서 접속어를 지워 놓고 다시 채우는 연습을 해 볼 수 있다. 문제풀이만이 아니라 "이렇게 문제가 나오겠구나" 라고 한두 가지 변형 문제를 만들어 보면 실제 시험에서 익숙하게 느낀다.

교과서·부교재 중심 서술형 & 수행평가 대비

1. 교과서·부교재 본문을 심도 있게 분석하기

교과서 지문 구석구석 분석

교과서 지문을 단순히 해석만 하고 지나치지 말고, 각 단어가 왜 그 위치에 쓰였는지, 문법 구조가 어떤 역할을 하는지까지 세심하게 살펴야 한다. 시험에서는 교과서 문장을 변형하여 그대로 출제하기도 하므로, 표현이 실제 글 흐름 속에서 어떤 맥락으로 사용되는지 정확히 이해해 두는 것이 중요하다.

부교재 문제 풀이로 변형 대비

부교재나 워크북에는 교과서 지문을 변형한 문장이나 문제 유형이 많다. 빈칸 문제, 문장 배열, 단어 변형 등 여러 가지 형태가 섞여 있으니, 이것만 잘 훈련해도 시험장에서 처음 보는 유형에 당황하지 않게 된다.

서술형 대비: 요약·문장 완성 연습

서술형 문제는 "지문을 요약하라" "문장을 해석·완성하라" 같은 식으로 출제된다. 아이가 미리 교과서 단락을 한두 줄로 정리해 보거나, 주어진 키워드로 문장을 만들어 보는 방식을 자주 연습하면, 시험장에서 문장을 술술 써 내려갈 수 있다.

2. 수행평가: 과제·발표·토론형

과제형 수행평가

과제 보고서, 에세이 등은 교과서 주제와 문법 포인트를 적극적으로 활용해 작성하는 편이 좋다. 예컨대 교과서 2단원에서 배운 가정법을 쓰는 등, 배운 내용을 과제에서 자연스럽게 녹이면 고득점을 기대할 수 있다.

발표·토론형 수행평가

발표·토론형 수행평가에서는 집에서 짧은 발표 스크립트를 미리 작성해 여러 번 연습해 보면, 실제 평가 상황에서 훨씬 여유롭게 대응할 수 있다. 교과서의 핵심 문장을 인용하여 발표 내용에 자연스럽게 녹여 넣으면, 시험 범위를 복습함과 동시에 말하기 능력도 함께 향상된다.

"내신 범위" 안에서 최대치 점수를 얻는 노하우

1. 시험 범위 꼼꼼히 체크

단원·페이지별 핵심 구문·어휘 확인

학교에서 배부한 범위 공지(예: 1단원~3단원)로 끝나지 않는다. 각 단원에서 중요하다고 선생님이 강조한 부분, 부교재에서 추가된 문제, 단어 리스트 등을 하나씩 점검한다.

수업 필기 다시 보기

아이가 수업 중에 직접 적어 둔 노트나, 선생님이 강조 표시한 PPT·프린트물을 다시 꼼꼼히 살피는 과정을 거치면 좋다. 노트에 '중요' 같은 표시나 아이콘을 미리 그려 두면, 복습 시점에 어떤 부분을 우선적으로 확인해야 할지 한눈에 알 수 있다. 수업 시간에 놓쳤던 내용이나 모호하게 남아 있는 표현을 확인하고, 필요하면 교과서나 참고 자료를 찾아 보충한다. 이렇게 하면 시험 대비 범위를 더욱 명확히 정리할 수 있고, 학습 효율도 높아진다.

2. 교과서 속 예문·대화문 암기

영어 내신에서 교과서 예문이 직·간접적으로 변형돼 출제될 가능성이 높다. 아이가 각 단원마다 5~10개 예문을 통으로 외우는 것이 꽤 효과적이다. 이때 중요한 문법이나 표현이 자연스럽게 학습되고, 시험장에선 "아, 이 문장 내가 학습 한 거네" 라고 생각하며 빈칸이나 배열 문제를 손쉽게 해결한다.

3. 오답 노트와 빈출 단어 노트

오답 노트

내신 대비 중 틀린 문제를 그냥 넘어가면, 같은 유형을 또 실수할 가능성이 높다. 아이가 오답 노트에 "이 문제를 왜 틀렸는지" 한 줄로 정리하면, 시험 직전에 일목요연하게 복습할 수 있다.

빈출 단어 노트

범위 안에서 자주 보이는 어휘, 선생님이 수업 중 여러 번 강조한 단어는 따로 적어 두고 매일 조금 이라도 복습한다. 범위가 정해 져 있기에, 그 안에서 자주 등장하는 단어는 시험장에서 고확률 로 언급될 것이다.

모의고사·단원 평가 활용: 계획적 복습, 시간 안배 훈련

1. 모의고사 훈련: 실전 감각과 약점 보완

범위 외 문제라도 의미가 있다

시험에서는 교과서나 부교재 지문 뿐만 아니라, '외부 지문'이 출 제되는 경우가 적지 않다. 이 지문들은 시험 범위 안에 포함되지 만 구체적인 해설이나 예문이 미리 제공되지 않아, 실제 독해 능력과 문제 풀이 기술을 측정하는 데 활용된다. 보통 시험범위를 크게 나누면 '① 교과서 ② 기출모의고사 ③ 외부 지문' 이렇게 세 가지로 볼 수 있다. 이때 외부 지문에 대비하려면 낯선 텍스트를 어떻게 접근하는지 훈련이 필요한데, 실제로 모의고사를 꾸준히 풀어 보는 것이 가장 효과적이다. 모의고사는 기존 기출문제 유형과 함께 새로운 지문도 포함할 수 있으므로, 두 영역을 동시에 준비할 수 있기 때문이다. 따라서 폭넓은 독해 연습과 다양한 주제의 지문을 접하는 것이 중요하다.

약점 보강

모의고사를 푼 뒤 같은 유형(예: 어휘 문제에서 유사 어휘 고르기)에서 반복적으로 실수가 발견되면, 내신 범위 안의 유사 어휘, 반의어를 분류해 보는 것이 좋다. 예컨대 사소한 차이로 인해 의미가 달라지는 것을 인식하면, 다음에 같은 유형이 나왔을 때 훨씬 수월하게 해결할 수 있다.

2. 단원 평가로 주 단위 복습

학교 단원 평가 적극 활용

학교에서 실시하는 단원 평가 혹은 미니 테스트는 곧 내신 시험의 축소판이다. 단원 평가 후에는 즉시 틀린 문제를 복습하고, 교과서 해당 부분을 다시 한번 정리해 두면 실제 시험에서 공부한 효과가 배가된다.

미니 모의 방식으로 점검

집이나 스터디에서 단원 범위를 정하고 문제 몇 개를 선별한 뒤, 특정 시간(예: 30분)을 잡아 실제 시험처럼 풀어 보자. 풀이가 끝나면 오답이나 막혔던 부분을 확인하여 전체 흐름과 세부 요소를 균형 있게 살필 수 있다.

3. 시간 안배와 멘탈 관리

시험 시간 시뮬레이션

30분이나 40분 같은 한정된 시간을 실제 시험처럼 설정하고, 그 안에 문제를 풀어 보는 방식을 적용해 본다. 모의고사처럼 길지 않아도 괜찮다. 이 과정을 거치면 "문법부터 먼저 푸는 게 나을까, 아니면 독해를 먼저 할까?" 같은 자기만의 시험 전략이 생겨난다.

실수와 부족한 부분에 대한 대처

시간 훈련 중 실수하거나 문제를 다 못 풀어도 "미리 확인해서 다행"이라는 긍정적 태도를 유지하면 심리적 압박을 줄이고 집중력을 유지하기 쉽다. 시간 관리에 문제가 생기면, 그 원인을 다시 생각해 보고 다른 접근법을 시도해 볼 수 있다. 이런 연습이 반복되면 시험장에서 여유를 갖고 문제를 해결하게 된다.

내신 영어, 선생님 수업과 교과서, 기출 모의고사를 중심으로 전략적으로 대비하기

내신 영어는 학교 선생님이 직접 출제한다는 점을 최우선으로 고려해야 한다. 따라서 교과서와 부교재를 꼼꼼히 학습하고, 수업에서 강조된 문법·어휘·구문을 확실히 익히는 것이 핵심이다. 여기에 선생님의 출제 성향과 모의고사· 선생님이 주신 학습지를 활용한 반복 훈련까지 더해지면, 시험장에서 당황할 확률이 크게 줄어든다. 결국 "교과서·부교재 충실 학습 + 선생님 출제 경향 파악 + 꾸준한 복습 + 모의고사 훈련"이라는 네 가지 요소가 균형을 이룰 때, 내신 영어에서 흔들림 없는 자신감을 발휘할 수 있다.

모의고사, 수능 영어 문제 유형별 공략

수능 영어 문제는 단순히 어휘나 문법 지식을 묻는 데 그치지 않는다. 긴 지문을 분석하고, 글의 논리적 구조를 이해하며, 핵심 아이디어(주제·목적)를 파악해야 풀 수 있는 문제가 주류를 이룬다. 특히 주제, 제목, 요지, 주장,빈칸 추론, 순서 배열, 문장 삽입, 등이 대표적으로 꼽히며, 수험생들이 난이도가 높다고 느끼는 유형이다. 이번 장에서는 문단(Paragraph) 단위로 글을 파악하는 방식과 함께, 유형별로 어떤 접근 방법을 취해야 효과적인지 구체적으로 정리해 본다.

1. 빈칸 추론: 문맥·핵심어·논리 전개를 함께 본다

   빈칸 추론 문제는 글 전체를 파악하는 독해력이 전제되어야 한다. 문장 하나의 의미만 봐서는 답을 찾기 어렵고, 글 전체 흐름 속에서 빈칸의 역할을 살펴야 한다.

(1) 지문 전체 흐름 먼저 확인

a.제목, 첫 문장, 마지막 문장을 빠르게 훑으면 글의 전반적인 주제나 분위기를 파악하기 쉽다. 어떤 지문은 첫 문장이 주제 문 역할을 하고, 마지막 문장은 결론이나 요약을 제시한다.

b.반복되는 핵심 어휘가 있는지 본다. 글 전체에서 동의어나 유사 표현을 통해 주제를 강조할 때가 많다. 빈칸이 이 주제를 직접적으로 표현하는 경우가 잦으므로, 반복 표현에 주의한다.

(2) 빈칸 위치별 공략

a.지문 앞부분(첫 문장, 첫 단락) 빈칸

첫 문장에 빈칸이 있으면 주제 문장일 가능성이 높다. 둘째·셋째 문장에서 이 개념을 반복·변형해 제시할 수 있으므로, 이후 문장에서 동일한 핵심어를 찾아 주제를 유추해야 한다.

지문 앞 문단에 빈칸이 있으면, 뒤 문장에서 이를 풀어 줄 힌트 (동의어, 예시, 대명사) 등이 등장한다.

b.지문 중간 빈칸

주제를 뒷받침하는 예시나 부연 설명이 이어지는 부분이다. 앞 문장에서 제시된 핵심 아이디어를 다른 표현으로 바꾸어 쓰는 형식이 흔하다. 앞뒤 문장이 어떤 개념을 지칭하는지 파악하고, 그 개념을 동의어나 의역으로 빈칸에 채울 수 있는지 살핀다.

c.지문 마지막 빈칸

글 전체 요약, 결론, 작가의 주장 등이 모이는 구간이다. 지문 처음 부분(혹은 주제 문)과 어떻게 일관성을 유지하는지 확인해야 한다. 처음에 문제 제기를 했고, 마지막에서 해결책을 제시하는 형식인지 판단하면, 빈칸에 어떤 개념이 들어갈지 감을 잡기 쉽다.

(3) 구체적 훈련 방법

a.기본 독해 훈련

지문을 빠르게 살피고, 문단(Paragraph)별로 이 문단이 어떤 논리 전개를 하는가 파악한다. 문단마다 핵심 단어나 중심 문장을 찾는 훈련을 반복하면, 빈칸 추론 문제를 풀 때도 흐름이 쉽게 잡힌다.

b.빈칸 주변 1~2문장 집중 분석

빈칸 바로 앞 문장과 뒤 문장에서 역접(however, but, yet) 또는 인과(so, therefore, because) 같은 연결어가 있는지 본다. 흐름이 어떻게 이어지는지 알면, 빈칸에 들어갈 표현을 추론하기 쉽다.

c.동의어·유사 표현 주목

문단 전체에서 "practical"이 자주 등장한다면, 빈칸 문장에서도 이를 가리키는 다른 표현("useful", "hands-on")이 쓰일 수 있다. 어휘 변형이나 유사 단어를 연결하는 방식을 익히면 빈칸을 보다 정확히 메울 수 있다.

2. 주제·제목 찾기: 문단별 요지와 결론 연결

주제·목적 찾기 문제는 지문의 전체적 흐름을 정확히 꿰뚫어야 한다. 글쓴이가 무엇을 말하려고 이 글을 썼는지, 논리 전개를 통해 어떤 결론에 이르는지 이해해야 한다.

(1) 글 전체 구조 파악

a.서론-본론-결론 형식 확인
첫 문단에서 문제나 논지를 제기하고, 중간 문단(들)에서 예시나 부연 설명, 반론 등을 전개하고, 마지막 문단에서 결론을 짓는 방식이 많다.

b.문단별 주제 문(Main Idea) 찾기
문단마다 주제문이 있을 수 있다. 그 주제문들이 어떻게 연결되어 최종 주제·목적에 도달하는지 본다. 아이가 "이 문단은 문제제시, 저 문단은 해결책, 마지막은 결론" 같은 식으로 구분해 보면 전반적인 흐름을 파악하기 쉽다.

(2) 반복되는 핵심어(Keyword) 주목

글에서 여러 번 반복되거나 변형되어 나타나는 단어가 주제를 이끄는 열쇠일 때가 흔하다. 아이는 각 문단을 읽으며 "이 키워드가 계속 나오네?"라고 인지하면 주제 파악에 유리해진다.

(3) 결론 부분에서 주제 확정

글이 결론(마지막 문단)에서 최종 메시지를 명확히 밝히는 경우가 많다. 아이가 앞서 파악한 가설과 결론 부분이 일치하면, 주제·목적을 거의 확신할 수 있다. 반면 결론에서 "하지만 이것은 문제가 크다" 같은 역접이 나올 수도 있으므로, 끝까지 읽고 판단해야 한다.

3. 순서 배열, 문장 삽입, 연결어 문제: 문단별 논리 구조 활용

(1) 순서 배열(글의 순서) 공략

a.문단(또는 문장)의 역할 파악

각 문단이 서론(주제 제시), 본론(예시·부연), 결론(마무리) 구조인지, 아니면 원인→결과, 대조→해결책 등으로 구성되는지 본다.

문장 수준 배열 문제라면, 한 문장마다 "예시 문장인지, 주장 문장인지" 등을 구별해 본다.

b.지시어·대명사·연결어 추적

"This concept"이나 "These factors" 같은 표현이 나오면, 그 앞 문장에서 이미 해당 개념이 등장 해야 한다. 이를 통해 특정 문장의 위치를 가늠할 수 있다.

역접(However, Yet), 인과(So, Therefore), 추가(In addition) 같은 연결사가 앞뒤 문장 관계를 결정하는 열쇠가 된다.

c.가설 순서 세운 뒤 전체 검증

아이가 A→B→C 순이 맞다고 가정했다면, 그 순서대로 문단(문장)을 이어 읽으며 "논리적 비약이 없나? 같은 대상이 지시어로 자연스럽게 이어지나? 최종 점검을 한다.

(2)문장 삽입: 단락 내 자연스러운 위치 찾기

a.주어진 문장 내부 분석

부모가 아이에게 "이 문장에 대명사나 연결어가 있니? 그것들이 무엇을 가리키는지 확인하면, 어느 위치에 들어갈지 힌트를 얻을 수 있어" 라고 조언한다.

ex) "However, this approach is flawed." → "this approach"가 앞서 이미 제시된 방식(approach)을 가리켜야 하고, "However"는 이전 문장과 반대 흐름을 나타내므로, '동일한 접근법에 대한 긍정 평가 다음에 곧바로 반박이 이어지는 위치'가 삽입 위치가 될 가능성이 높다.

b.빈칸 전후 문장 유기적 연결

빈칸 전 문장과 후 문장 내용이 삽입 문장과 자연스럽게 이어지는지 본다. 논리가 맞물리지 않으면, 그 위치는 틀린다.

아이가 "이 문장은 예시를 들고 있는데, 앞 문장에서 개념 소개가 있었고, 뒤 문장에서 결론으로 가네? 그렇다면 예시가 중간에 들어갈 자리가 맞다" 식으로 추론하도록 한다.

(3) 연결어 문제: 문장 간 흐름 유지

역접(but, however, yet), 인과(so, therefore, because), 나열(and, in addition, moreover) 구분

아이가 수능 영어 지문을 읽다가 연결어 문제를 만나면, "이 문장은 앞 문장과 논리적으로 어떻게 이어지는가?"를 먼저 생각한다. 논리 구조를 고려하면 선택지가 빨리 좁혀진다.

문맥 전체 확인

문장 하나만 보고 "but"인가 "and"인가 결정할 수 없다. 앞뒤 문장 모두 읽고, 정반대 개념이 나오는지, 단순 추가인지, 이유를 설명하는지 파악해야 한다.

4. 실전 모의고사 풀이 & 오답 분석: EBS vs 기출문제

(1) 모의고사 통해 종합 연습

시간 안배 훈련

수능 영어에서는 빈칸 추론, 주제 찾기, 순서 배열·삽입 같은 다양한 유형이 한꺼번에 몰려 나온다. 이때 제한된 시간 안에 여러 유형을 해결해야 하므로, 모의고사를 실제 시험처럼 풀면서 각 유형별로 어느 정도 시간을 쓰는지 점검해야 한다. 특히 43번~45번 정도에 해당하는 장문(긴 지문) 문제는 내용 자체가 상대적으로 어렵지 않은 편인데, 시험 막바지에 시간이 부족해 풀지 못하거나 대충 찍어 틀리는 경우가 잦다. 따라서 문항별 시간 안배 훈련과 함께, 긴 지문이라도 빠르게 핵심을 파악하는 스킬을 꾸준히 연습해야 마지막 문제까지 안정적으로 해결할 수 있다. 미리 기출 모의고사를 실제 시험처럼 풀면서 각 유형별로 얼마나 시간을 쓰는지 체크해야 한다.

문제 풀이 직후 리뷰

모의고사를 푼 뒤에는 즉시 답안을 채점하고, 틀린 문제를 유형별로 분류하며 원인을 기록하는 과정이 중요하다. 예컨대 빈칸 추론에서 특정 단어의 의미를 잘못 해석해 오답을 고른 경우, 사전에 해당 어휘를 다시 찾아보고 문맥 속 쓰임새를 메모해 둔다. 순서 배열이나 삽입 문제에서 문단 전개를 놓친 경우는, 글의 흐름(접속사·지시어)을 어떻게 잘못 이해했는지 구체적으로 정리한다. 이렇게 문제마다 실수 요인을 파악해 짧은 코멘트를 남겨 두면, 다음에 유사 유형을 접했을 때 훨씬 빠르게 접근 방법을 교정할 수 있다. 시험 직후 복습이 번거로워 보여도, 이 과정을 반복하면 같은 실수를 크게 줄이고 독해력과 문제 해결 능력을 동시에 향상시키게 된다.

(2) EBS 교재 vs 기출문제 병행

EBS 교재는 수능과 직접 연계되는 지문이 많아서, 실제 시험에서 유사한 주제를 만나도 낯설지 않게 대응할 수 있다는 이점이 있다. 어휘나 표현, 글 전개 방식 등을 미리 익혀 두면 문제 유형에 맞춰 빠르게 해석할 수 있고, 다양한 주제에 대한 배경지식과 어휘를 누적하기에도 유리하다. 또한 지문마다 자주 쓰이는 논리 구조를 파악하면서 독해력을 기르는 데 큰 도움이 된다.

기출문제는 출제위원들이 정교하게 구성한 지문과 문항으로, 글의 흐름이나 문단 간 전환, 연결사나 지시어를 활용하는 방식 등 수능 수준의 논리를 체계적으로 훈련하기에 최적화되어 있다. 문제를 풀고 해설을 분석하면 어떤 연결어, 문맥, 혹은 문장구조를 놓쳐서 실수했는지 명확히 알 수 있다. 이러한 과정을 반복하면 글 전체의 구조와 주제 흐름을 빠르게 파악하는 능력이 향상되고, 실전 난이도에 적응하는 데도 효과적이다.

두 가지를 병행하면 시너지 효과가 커진다. EBS 교재를 통해 익힌 주제나 표현을 기출문제에 적용하면 기본 독해력과 실전 감각을 함께 발전시킬 수 있고, 기출문제로 놓치기 쉬운 고난도 수준의 사고 과정을 보완할 수 있다. EBS에서 다룬 테마를 기출 지문으로 다시 확인해 보는 식으로 공부하면 한 주제를 다양한 각도에서 익히게 되어 이해가 깊어지고, 반복 노출을 통해 자연스럽게 문제 유형에 익숙해진다. 이렇게 EBS 교재와 기출문제를 번갈아 학습하면, 수능 영어 대비에 필요한 어휘·독해력·논리력을 균형 있게 강화할 수 있다.

5. 학부모가 도울 수 있는 구체적 가이드

(1) 문단별(Paragraph) 독해 습관화

지문을 만났을 때, 아이에게 "단락마다 주제가 뭐니?, 주제문은 어디에 있니? 라고 묻는다. 이런 질문을 통해 글의 큰 그림부터 잡도록 습관을 들이면, 빈칸 추론·순서 배열·삽입 문제에서도 흐름을 놓치지 않는다.

(2) 문장 단위 분석: 연결어·대명사 캐치

아이에게 "이 문장에 however가 들어가면, 직전 문장과 반대 흐름인가?" "이 대명사(this, that)는 무엇을 가리키나?" 같은 세부를 체크하게 한다. 부모가 직접 답을 주지 않고, 아이가 스스로 문장 간 관계를 찾도록 유도한다.

(3) 오답 노트: 유형별 분석

아이가 문제를 틀릴 때마다, "빈칸 추론에서 제대로 문맥을 안 봐서 틀렸는지, 주제 찾기에서 결론을 간과했는지, 순서 배열에서 지시어를 놓쳤는지" 유형별로 원인을 기록한다. 부모가 그 오답 노트를 잠시 검토하면서, 특정유형의 문제를 많이 틀렸거나 어려워 하면 이 부분의 문제점을 보완할 방법을 찾아 집중해서 학습한다.

문제 유형별 + 문단별 독해 접근이 수능 영어의 열쇠

수능 영어에서 빈칸 추론·주제 목적 찾기·순서 배열·삽입 문제는 글의 논리적 흐름을 정확히 이해해야 한다. 이를 위해서는 문단 (Paragraph) 단위로 주제 문과 핵심어, 연결어, 지시어를 꼼꼼히 살피는 습관이 필수적이다. 빈칸 추론에서는 앞뒤 문맥과 글 전체 주제를 함께 보고, 주제·목적 찾기에서는 반복되는 키워드와 결론 부분을 확인하며, 순서 배열·삽입 문제에서는 문장의 연결 장치(연결어, 정관사, 대명사, 지시사)를 놓쳐서는 안 된다.

아이와 학부모가 이 원칙을 알고, EBS 교재와 기출문제를 적절히 병행해 꾸준히 연습하면, 유형별 실력을 효율적으로 쌓을 수 있다. 특히 매 문단마다 "이 문단은 뭘 말하고 있지?" "이 문장과 앞뒤 문장이 어떻게 이어지지?"라고 질문하는 방식으로 독해를 습관화 하면, 수능 영어에서 겪는 여러 유형의 문제를 능동적으로 해결하게 된다. 그렇게 문제 유형별 공략과 문단별 독해가 결합될 때, 아이는 긴 지문도 논리적으로 분석하여 안정적인 고득점을 달성할 수 있다.

수능 독해 Power Up : 유형별 핵심 전략

1.빈칸추론

핵심 포인트: 글 전체의 흐름과 빈칸 근처 문장을 꼼꼼히 연결

해야 한다.

문제 해결 전략:

- 앞부분 빈칸: 주제 문장일 가능성이 높으므로, 다음 문장의 핵심어를 활용해 추론한다.
- 중간 부분 빈칸: 동일한 의미의 다른 표현이 사용된 경우가 많으므로, 앞뒤 문장을 비교하며 추론한다.
- 마지막 부분 빈칸: 주제나 요지를 요약하거나 결론짓는 경우가 많으므로, 글의 전체 맥락을 고려해 결정한다.

2.글의 순서(문장·단락 배열)

핵심 포인트: 주어진 도입부 문장과 이어질 단락을 논리적으로 연결해야 한다.

문제 해결 전략:

- 지시사(대명사,형용사)사, 정관사(the), 연결어(however 등) 및 시간적 흐름 등을 활용하여 앞뒤 단락의 연결 관계를 파악한다.
- 문장들을 배열한 후, 논리적 비약이나 단절이 없는지 최종 점검한다.

3.문장 삽입

핵심 포인트: 글의 일관성과 자연스러운 흐름을 유지해야 한다.
문제 해결 전략:

◦ 대명사(he, she, it)와 연결어(therefore, however 등)가 앞뒤 문장과 어떻게 연관되는지 주의 깊게 살핀다.

◦ 적절한 위치에 문장을 삽입한 후, 전체 문장을 다시 읽어 논리적 단절이 없는지 점검한다.

4.주제·제목·요지·주장

핵심 포인트: 글쓴이의 중심 생각을 정확히 파악해야 한다.
문제 해결 전략:

◦ 우선 주제 문장을 찾아내고, 강조 표현(should, must, 최상급 등), 전문가 인용, 명령문 등을 단서로 활용한다.

◦ 선택지와 글 전체의 흐름이 일치하는지 비교하여 최종 답을 결정한다.

추가 TIP

◦ 문장과 문장 사이를 연결하는 지시사와 연결어를 반드시 확인한다.

- 반복되는 표현이나 유사한 의미가 등장할 때, 앞뒤 문맥을 주의 깊게 살핀다.
- 글 전체의 주제나 목적을 놓치지 않으면, 어려운 단어가 많더라도 전체 흐름을 파악하기 쉬워진다.
- 문제를 풀고 난 후, 논리의 흐름이 자연스러운지 다시 한 번 점검해 본다.

이 요약본을 바탕으로 각 독해 유형별 핵심 전략을 간단히 복습할 수 있습니다. 문제를 풀 때 이 팁들을 체크리스트처럼 활용하면, 실전에서 큰 도움이 될 것이다.

하나의 지문으로 통합 학습하기: 영어 능력, 한 번에 끌어올리기

어휘, 문법, 듣기, 독해, 쓰기, 말하기 등 여러 영역을 동시에 공부해야 하는 현실적인 상황에서, '하나의 지문'을 반복·확장해 학습하는 통합 학습법이 짧은 시간 안에 종합적 실력을 높이는 데 효과적인 방법으로 주목받고 있다.

이 장에서는 이 통합 학습법의 개념과 장점을 자세히 살펴본다. 한 지문 안에 담긴 단어·문법·구문·회화·작문 등을 유기적으로 연결해 공부하면, 영어 감각을 종합적으로 발전시키면서도 불필요한 반복을 크게 줄일 수 있다. 특히 시험이나 과제가 몰리는 시기에, 이미 익숙해진 지문을 활용해 여러 분야를 함께 학습하면 부담을 덜 느끼고 학습 효율을 극대화할 수 있다는 점이 가장 큰 장점이다.

하나의 지문으로 통합 학습의 장점

첫째, 시간 효율이 극대화된다

단어·문법·듣기·독해·쓰기·말하기를 각각 분리해 공부하면, 매번 새로운 자료로 시작해야 해 비효율이 발생한다. 그러나 하나의 지문을 중심으로 어휘와 구문을 반복해서 만나면 복습 효과가 자연스럽게 높아지고, 매 학습 때마다 낯섦으로 인한 에너지를 낭비하지 않는다. 학기 중 시험·과제로 일정이 빠듯할 때 특히 유리하며, 동일한 지문을 여러 관점에서 살피므로 짧은 시간에 깊이 있는 이해가 가능해진다.

둘째, 영어 감각을 종합적으로 키울 수 있다

어휘 →듣기 → 낭독 → 받아쓰기 → 구문 분석 → 문법 →영작 → 말하기 같은 과정을 한 지문에서 단계별로 진행하면, 아이는 글을 다양한 방식으로 반복 학습하여 체화한다. 소리(발음·듣기)와 문자(독해·문법 분석), 의미(해석·영작)가 서로 어떻게 연결되는지를 학습할 수 있다. 그 결과, 영어 문장이 단순한 단어 나열이 아니라 맥락과 구조가 있는 '언어'라는 점을 자연스럽게 깨닫게 되며, 다양한 영역에서 균형 잡힌 실력을 쌓게 된다.

셋째, 학습 동기가 꾸준히 이어진다

아이들은 새로운 텍스트를 접할 때마다 생기는 낯섦이나 어려움으로 인해 학습 부담을 크게 느끼기 쉽다. 그런데 익숙한 지문을 반복 활용하면 "이미 아는 내용이라 부담이 없다"는 심리적 안정감을 얻는다. 이로 인해 동기가 떨어지지 않고, "그래, 이건 내가 할 수 있어!"라는 자신감이 커진다. 이런 긍정적 감정은 학습의 선순환을 만들어, 결국 영어 공부를 꾸준히 이어 가는 바탕이 된다.

결국, 하나의 지문을 다각도로 파고드는 통합 학습법은 시간 대비 효과가 높고, 영어를 종합적으로 이해하며 아이 스스로의 동기를 견고하게 만들 수 있다는 장점을 갖는다. 다음 장(또는 예시)에서 구체적인 단계와 실제 적용 방법을 확인해 보며, 일상 학습 속에 손쉽게 적용해 보길 권한다.

단계별 '하나의 지문 통합 학습' 요약표

단계	목적	방법	효과
1. 어휘 학습	지문 이해에 필요한 어휘 파악	- 모르는 단어 밑줄 긋고 뜻·예문 기록- 새 단어 활용해 문장 만들기	문맥 속 단어를 익혀 오래 기억
2. 듣기와 받아쓰기	듣기·철자 훈련	- 오디오 듣고 받아쓰기 - 원문과 비교·교정 - 어렵다면 반복연습	듣기·쓰기를 동시 훈련

3. 낭독 연습	읽기 유창성과 발음 개선	- 오디오 쉐도잉 - 낭독 녹음 후 피드백 - 정확성과 속도 높이기	발음·억양을 익히고 읽기 자신감을 키움
4. 지문 분석	문장 구조·흐름 이해	- 문단별 핵심 아이디어 표시 - S/V/O 구문 분석 - 접속사·관계대명사 파악	문장 논리 파악으로 독해력 상승
5. 지문 해석	의미 정확히 파악	- 문장별 해석 후 전체 내용 요약 - 구문·어휘 재점검	텍스트의 핵심 의미를 명확히 이해
6. 문법 학습	실제 문장을 통한 문법 적용 강화	- 지문에서 문법 요소 추출 백지 테스트·오답 노트 - 문제 풀이 확인	문법을 실전 적용하며 부족한 부분 보완
7. 지문 영작	해석 내용을 영어로 재구성	- 번역한 문장을 다시 영어로 작성 - 교정한 문장 재 연습	독해와 쓰기를 연결해 표현력 강화
8. Reading Q	논리적 사고와 작성 능력 고도화	- 지문 관련 질문·답 작성 - 완성 글 다시 교정	사고력을 발휘해 글을 완성, 논리적 글쓰기 훈련
9. 동시통역 (녹화)	스피킹과 실시간 사고력 훈련	- 한글 지문 보고 영어 통역 - 녹음·녹화 후 발음·내용 검토	말하기 능력·순발력 동시 제고

22년차 학원장이 알려주는 입시 영어 로드맵

AI 시대, '영어 못하는 아이'가 될 확률 5배 높아지는 습관

AI가 빠르게 발전하면서 영어 교육의 패러다임도 급격히 변화하고 있다. 이제 영어는 단순히 시험을 위한 과목이 아니라, 미래 생존을 위한 필수 역량이 되었다. 하지만 많은 부모들이 여전히 시험만 잘 보면 된다는 낡은 방식에 머물러 있다.

그러나 AI 시대에 '영어 못하는 아이'가 될 확률을 높이는 결정적인 습관이 존재한다. 이 습관을 방치하면, 우리 아이는 글로벌 경쟁에서 뒤처지고, AI가 대신할 수 없는 창의적 사고와 언어 활용 능력을 기르지 못한 채 도태될 가능성이 높다.

그렇다면, AI 시대에 영어를 못하는 아이가 될 확률을 5배나 높이는 치명적인 습관은 무엇일까?

1. AI 번역기에 의존하는 습관

"구글 번역기 돌리면 되잖아!"

요즘 학생들은 영어로 글을 쓰거나 해석할 때, 손쉽게 번역기를 사용한다. 하지만 AI 번역기 의존도가 높아질수록, 영어 실력은 급격히 저하된다.

AI 번역기의 문제점

○ 직접 문장을 만들지 않으니 문법 감각이 퇴화
○ 해석할 때 사고력이 필요 없어지므로 독해력 저하
○ 번역기에만 의존하면 영어 문장을 자연스럽게 읽고 쓰는 능력이 약해짐

해결책

○ AI 번역기를 사용할 때도, 먼저 스스로 해석한 후 비교하는 습관을 들여야 한다.
○ 단순한 번역기 사용이 아니라, AI를 활용해 **문장을 다시 써보는 훈련 (paraphrasing)**을 해야 한다.

2. '문제 풀이' 위주의 학습 습관

"내신 문제만 잘 풀면 돼!"

대부분의 학생들이 영어를 공부할 때 시험 점수에만 초점을 맞춘다. 하지만 AI 시대에는 시험 문제 풀이 능력보다, '언어 활용 능력'이 더 중요해 진다.

문제 풀이 식 공부의 한계

∘ AI는 이미 복잡한 문제도 푸는 능력을 갖췄다. 문제 풀이 능력만 키운다면, AI보다 경쟁력이 떨어질 수밖에 없다.

∘ 영어는 단순히 문제를 푸는 과목이 아니라, '사용하는 언어'라는 점을 잊으면 안 된다.

해결책

∘ 시험 대비 뿐만 아니라, 실제 영어를 활용하는 환경을 만들어야 한다.

∘ 영어 기사, 소설, TED 강연 등 다양한 실전 자료를 활용하는 습관을 들여야 한다.

3. 듣기·말하기보다 '읽기·쓰기'에만 집중하는 습관

"시험엔 리스닝이 중요하지 않잖아?"

내신과 수능 영어는 주로 '읽기'와 '쓰기' 위주로 평가된다. 그래서 학생들은 듣기와 말하기를 소홀히 하는 경우가 많다. 하지만 AI 시대에는 '말하기'와 '듣기' 능력이 더욱 중요해 진다.

듣기·말하기를 소홀히 하면?

◦ AI는 '정보' 처리하는 속도가 빠르지만, 인간과의 '대화'는 아직 완벽하지 않다.

◦ 즉, 사람과 직접 대화할 수 있는 영어 능력이 경쟁력이 된다.

◦ 미래에는 AI와 협업하며 창의적 아이디어를 전달하는 능력이 더 중요한 시대가 온다.

해결책

◦ 하루 10분이라도 영어로 말하는 연습을 해야 한다.

◦ AI 음성 도우미(Siri, Google Assistant, ChatGPT 음성 기능)를 활용해 질문하고 대답하는 연습을 해보자.

4. 한국어로 '암기'하는 습관

"이 단어, 한국어 뜻이 뭐였더라?"

많은 학생들이 영어 단어를 외울 때 한국어 뜻을 먼저 떠올리는 습관이 있다. 하지만 이렇게 공부하면 실제 영어 문장에서 단어를 활용하기 어렵다.

한국어 중심 학습의 문제점
◦ 영어 문장을 볼 때 단어 하나하나를 해석하려다 문장 전체를 놓침
◦ 실전 회화에서 머릿속에서 한국어 → 영어로 번역하는 시간이 길어져서 말이 막힘

해결책
◦ 단어를 외울 때도, 이미지(그림)나 영어 뜻(영영사전)을 활용해서 학습해야 한다.
◦ 예문을 활용해 문장 속에서 단어를 익히는 습관을 들이자.

5. AI 시대를 대비하지 않는 학습 습관

"옛날 방식대로 해도 결국 점수만 잘 받으면 되지 않을까?"

미래 영어 교육의 방향은 단순한 '시험 대비'가 아니다. AI 시대에는 영어를 활용해 더 창의적이고, 비판적으로 사고하는 능력이 필요하다.

AI 시대에 요구되는 영어 능력

◦ 정보를 빠르게 검색하고 활용하는 능력 (AI가 제공하는 방대한 데이터를 활용할 수 있어야 함)

◦ AI와 협업할 수 있는 커뮤니케이션 능력 (AI 번역, AI 비서 등과 함께 일하는 시대)

◦ 창의적이고 비판적인 사고 능력 (AI가 제공하는 정보를 분석하고, 더 나은 아이디어를 만들어낼 수 있어야 함)

해결책

◦ 단순한 문제 풀이가 아니라, AI 도구를 활용해 영어 학습을 더 스마트하게 접근해야 한다.

◦ AI가 해주는 번역을 무조건 받아들이는 것이 아니라, 비판적으로 검토하고 직접 수정하는 연습을 해야 한다.

결론: AI 시대에 영어를 못하는 아이 vs 잘하는 아이

영어를 못하는 아이가 될 확률이 높은 습관

✕ AI 번역기에만 의존한다.

✕ 문제 풀이만 반복한다.

✕ 듣기·말하기를 소홀히 한다.

✕ 한국어 중심으로 암기한다.

✕ AI 시대에 필요한 영어 활용법을 배우지 않는다.

AI 시대에 경쟁력이 있는 영어 학습법

☐ AI 번역기를 '비교 분석 도구'로 활용한다.

☐ 시험 대비 뿐만 아니라, 실전 영어 학습을 한다.

☐ 듣기·말하기 연습을 꾸준히 한다.

☐ 단어를 이미지와 문맥 속에서 익힌다.

☐ AI와 협업하며 영어를 '도구'로 활용하는 능력을 키운다.

★ AI 시대에는 '영어를 공부하는 방식' 자체를 바꿔야 한다!

우리 아이가 AI보다 더 똑똑하게 영어를 활용할 수 있도록, 지금부터 학습 습관을 점검해야 한다.

5부

아이 별 맞춤 학습: 성향과 기질을 고려한 코칭

22년차 학원장이 알려주는 **입시 영어 로드맵**

도전형 아이
vs 안정형 아이

───────────●

　우리 아이는 왜 이럴까?"라고 고민하는 부모님들이 많다. 어떤 아이는 어려운 문제를 만나면 오히려 도전 의식을 보이며 힘차게 나아가고, 또 다른 아이는 조금만 난관이 보이면 "나 못 하겠어" 라며 쉽게 위축되기도 한다. 이러한 차이는 아이들의 기질과 성향에 크게 영향을 받기 때문이다. 이 장에서는 흔히 볼 수 있는 두 가지 유형, '도전형 아이'와 '안정형 아이'에 대해 살펴보고자 한다. 두 유형의 아이들이 어떤 특성을 보이는지, 그리고 부모님들은 이러한 차이를 어떻게 인식하고 도와줄 수 있는지 함께 생각해 보자.

1. 도전형 아이: "어려운 문제, 오히려 좋아!"

도전형 아이가 있는 가정에서는 종종 신기한 광경을 보게 된다. 예를 들어 수학 교재를 펼치다가 "이건 좀 어려워 보이는데?"라고 말하면서도, 눈빛을 반짝이며 의욕을 불태운다. 부모가 "너무 어렵지 않을까?" 라고 물으면, 아이가 "바로 그게 재밌어" 라고 답할 때가 있다. 이런 모습이 도전형 아이의 전형적인 태도이다.

(1) 어려움을 즐기는 기질

도전형 아이는 어려운 과제나 시험 앞에서 "어쩌면 실패할지도 모른다"라는 불안을 크게 느끼지 않는다. 그보다는 "이걸 해내면 굉장히 뿌듯할 것 같다"라는 기대감이 더 크게 작용한다. 새로운 문제나 고난도 과제를 마주칠 때, 남들은 "지쳐 버리겠다" 라고 생각하는 순간에, 도전형 아이는 오히려 의욕이 솟아오른다. 부모 입장에서는 가끔 "왜 저렇게까지 무리를 할까?" 궁금해질 수 있지만, 이 아이에게는 도전 그 자체가 동력이 된다.

(2) 적정 난이도를 찾는 것이 중요

도전형 아이는 "한 단계 더 높은 과제"에서 짜릿함을 느끼고, 그

22년차 학원장이 알려주는 입시 영어 로드맵

에너지를 바탕으로 훨씬 빠른 성장을 이룰 수 있다. 예컨대 교육학자 비고츠키(Vygotsky)가 제시한 '근접발달영역(Zone of Proximal Development)' 이론에서도, 아이가 스스로 할 수 있는 것보다 약간 더 어려운 과제를 부여 받을 때 학습 효과가 극대화된다고 강조한다.

바로 이 지점에서 적정 난이도를 잘 설정하는 부모의 역할이 커진다. 도전형 아이가 이미 충분히 해낼 수 있는 수준에 머물면, 아이는 지루함을 느낄 수 있다. 반면 아이가 감당하기 벅찬 과제를 던져 주면, 의욕적인 아이도 압박감을 크게 느낄 수 있다. 따라서 "조금 더 어렵지만 해볼 만한" 과제를 제공하면, 아이는 성공했을 때 극대화된 성취감을 맛보게 된다.

이를테면 아이가 평소 좋아하는 수학 분야에서 70~80% 정도 해낼 수 있는 문제집을 부모가 골라 주고, "이 문제는 좀 더 생각해 봐. 너라면 분명 풀 수 있을 거야" 라고 격려하면, 아이는 "아, 내가 조금만 더 고민하면 풀릴 것 같다!"라는 자신감에 불이 붙는다. 그 과정을 통해 아이는 스스로 공식을 더 깊이 이해하고, 예상치 못했던 풀이 방법을 터득하기도 한다.

이렇게 자신이 해낼 수 있는 범위를 살짝 넘어서는 과제에 도전하면, 도전형 아이는 매번 새로운 가능성을 발견하고 즐거운 긴장감을 느낀다. 결국 "내가 한 단계 더 올라섰다!"라는 기쁨이 쌓이면, 아이는 다음번에도 주저함 없이 또 다른 도전에 뛰어들게 된다.

그리고 그 과정이 반복될수록, 아이는 자연스럽게 '내가 몰랐던 실력'을 끄집어내며 폭발적인 성장을 이뤄 낸다.

(3) 실패했을 때 보호막이 필요

도전형 아이는 높은 목표를 달성할 때 큰 성취감을 맛보지만, 예기치 못한 실패를 겪을 때는 무너질 가능성이 있다. "난 이런 어려운 문제도 잘 풀 수 있어!"라고 믿었기에, 한 번의 실수가 자기 전체를 부정하는 듯한 충격으로 다가오는 것이다. 그래서 부모가 미리 '실패 후 회복'을 도울 준비를 해 둬야 한다.

실패를 '도전의 일부'로 인식시키기

예를 들어 부모가 "어렵게 시도했으니 처음엔 틀릴 수도 있어. 그만큼 네가 높은 단계에 도전한 거니까" 이렇게 말해 주면, 아이는 "내가 못해서가 아니라, 원래 어려운 목표였구나"하고 납득하게 된다.

다음 단계 해결책 함께 찾기

"그래도 잘 했어"로 단순히 끝내면, 아이는 마무리 짓지 못한 실수를 계속 곱씹을 수 있다. "이번에 어떤 방법이 부족했는지, 다른 접근법은 무엇 이었을까?" 함께 고민해 보면, 아이가 "다음엔 이렇게 한번 해 보면 좋을 것 같아!"라고 앞으로 나아갈 방향을 잡게 된다.

부모의 말투·표정에 주의하기

"도전형"이라는 말이 무색할 정도로, 아이는 실패 앞에서 한순간에 의기소침해지기도 한다. 이때 부모가 "실망이야" 같은 말투를 쓰면, 아이는 더 깊은 좌절에 빠지게 된다. "괜찮아, 다음에 다른 방식으로 시도해 보자. 그 에너지를 잃지 않는 게 중요해"라는 말이 훨씬 아이를 살린다.

이처럼 실패 후 보호막이 갖춰져 있으면, 도전형 아이는 실패를 통해서도 배울 수 있다. 어느새 이번에는 비록 안 됐지만, 다음에 다른 방법으로 도전하면 되 것이라고 생각하며 다시 의욕을 낼 수 있는 것이다. 반면 부모가 "도전은 좋았는데, 결과가 왜 이 모양이냐?"라는 식으로 나무라면, 아이는 도전을 시작한 자신을 원망하거나 무력감을 크게 느낄 수 있으므로 주의해야 한다.

2. 안정형 아이: 조금씩, 익숙해지는 게 좋아요

이번에는 정반대 사례를 상상해 보자. 어떤 아이는 조금만 새로운 유형의 문제를 접해도 "잘 모르겠어, 어려워" 라고 말한다. 과제가 주어졌을 때 "이거 어렵다고 하지 않았어?" "어려워 보여" 라고 미리 걱정부터 하는 유형이 있다. 이런 아이는 바로 안정형이다.

(1) 익숙한 과정을 반복하며 성취감을 얻는다

안정형 아이는 새롭고 낯선 환경보다, 이미 익숙해진 영역 안에서 실력을 쌓아 가는 것을 선호한다. "처음엔 어렵지만, 조금씩 하다 보면 잘 익혀진다"라는 공식을 믿는다. 그래서 한 가지 교재나 문제 유형을 익히면, 그 익숙함 속에서 안정감을 느낀다. 부모 입장에서는 "조금만 더 높이 도약해 보지?"라고 답답해질 수 있지만, 이 아이에게는 '천천히, 그러나 확실하게'라는 과정이 자기만의 성공 모델이 된다.

(2) 부모가 "너 왜 이렇게 느리니?"라고 말하면 안 된다

안정형 아이는 속도가 빠른 또래나 형제를 보며 스스로를 "나는 왜 이렇게 뒤처지는 것 같지?" 하고 자책할 때가 있다. 이런 상황에서 부모까지 "넌 왜 못해?"라고 다그치면, 아이의 불안이 극도로 커진다. 따라서 "조금 늦어도 괜찮아. 대신 조금씩 꾸준히 해 보자"라는 식으로 루틴을 짜 주는 것이 좋다. 하루 10개 단어를 꼼꼼히 외

22년차 학원장이 알려주는 입시 영어 로드맵

워서 다음 날 체크하고, 다음 주에도 다시 한번 복습하는 식으로 반복을 강조해 주면, 안정형 아이는 "이렇게 공부하면 나도 할 수 있구나"라는 자신감을 얻게 된다.

(3) 성급한 속도보다 '마무리 반복'이 더 중요할 때가 있다

부모로서는 아이가 2단계 교재를 한 번 끝냈다면, "이제 3단계로 넘어가 보자!"라고 자연스럽게 생각하기 쉽다. 특히 아이가 2단계 문제를 어느 정도 수월하게 풀었다고 느껴지면, "이쯤이면 다음 단계도 괜찮겠지?"라는 기대가 커진다. 그런데 막상 아이가 "아직 2단계 내용이 다 정리가 안 된 것 같아. 조금만 더 해 보고 싶어" 이렇게 말한다면, 부모가 먼저 그 의견을 존중해 주는 게 좋다.

안정형 아이는 "일단 한 번 다 배웠으니 됐다"가 아니라, "여기서 조금 더 익히고 완전히 내 것으로 만든 뒤에 다음으로 가야 마음이 편해" 라고 느낄 수 있다. 예컨대 영어 독해 2단계를 통해 주요 구문과 어휘를 '머리로는 아는 듯'하지만, 여전히 해석 속도가 느리거나 특정 문장구조에 막히는 경우가 잦다면, 아이는 자연스럽게 불안을 느낀다. 이런 상태에서 3단계로 바로 넘어가면, 아이는 "아직 2단계 것도 헷갈리는데, 이걸 내가 소화할 수 있을까?"라는 부담을 크게 안게 된다.

그래서 부모가 "괜찮아, 한 번 더 복습하면서 확실히 다져 보자!"

라고 제안하면, 아이는 "아, 급히 넘어가도 안 된다고 느낀 건 나만이 아니구나" 하고 안도한다. 이때는 단순 반복이 아니라, "2단계에서 헷갈렸던 표현이나 문장을 다시 체크해 보고, 궁금했던 부분을 엄마와 함께 풀어 보는" 식으로 구체적인 복습 계획을 세우면 좋다. 그렇게 한 차례 더 다져 보는 사이에, 아이는 "이제 정말 내가 2단계를 편하게 다룰 수 있구나"라는 자신감을 쌓고, 오히려 다음 단계로 가고 싶은 마음이 더 생길 수 있다.

결국, 안정형 아이에게는 "이미 한 번 끝냈으니 넘어가자"라는 부모의 조급함보다, "혹시 남은 찜찜함은 없는지?" 확인하고 반복 학습을 통해 완성도를 높여 주는 접근이 더 안전하고 효과적이다. 아이가 "이제 2단계는 정말 익숙해!"라고 스스로 깨달았을 때, 비로소 3단계에 대한 동기가 한결 활발해지기 때문이다.

3. 어떻게 서로 다른 아이를 조율할까?

"도전 형"과 "안정 형"은 꼭 형제·자매의 관계가 아니어도, 한 가정 안에서 동시에 존재할 수 있다. 어떤 집은 첫째가 도전 형, 둘째가 안정 형이어서 부모가 늘 두 아이 사이를 오가며 곤혹스러워 하기도 한다.

(1) 같은 문제집·같은 진도를 강요하지 않기

부모가 공평하게 똑같은 분량, 똑같은 수준을 해야 한다고 생각하면, 두 아이 모두 불행해질 수 있다. 도전형 아이는 "이건 너무 쉬워서 싱거운데?"라고 질려 버리고, 안정형 아이는 "이건 너무 어렵고 분량이 많아서 못 해 먹겠다며 미리 지친다. 각자의 속도와 스타일에 맞춘 별도 계획을 주는 것이 현명하다.

(2) 가족이 함께하는 학습 토크 시간 마련

한 주나 한 달에 한 번 정도, 가족이 모여 "이번 주(이번 달)에 내가 해본 공부 중 가장 재밌었던 것, 힘들었던 것"을 발표해 볼 수 있다. 도전형 아이는 새로운 문제를 풀었는데 정말 짜릿했다고 자랑할 수 있고, 안정형 아이는 반복해서 익히니까 예전에 모르던 걸 지금은 알게 돼서 뿌듯했다고 말할 수 있다. 부모가 중간에 "그래, 서로 다르게 공부해도 성장할 수 있구나" 라고 칭찬해 주면, 두 아이 모두 동기부여를 얻는다.

(3) 실패와 슬럼프 대응법도 다르다는 점을 인정하기

도전형 아이는 갑작스러운 큰 실패에 유독 크게 좌절할 수 있다.

안정형 아이는 매일 반복이 흐트러질 때 스트레스를 많이 받는다. 그러므로 도전형 아이가 "못 해 먹겠다"고 나타날 땐 "실패해도 도전해 본 건 대단하다"고 돌봐 주고, 안정형 아이가 "내가 너무 늦는 것 같다"고 울상을 지을 땐 "천천히 하지만 확실하게 가고 있으니 걱정 말라"라는 위로가 필요하다. 어느 한쪽 방식만으로 두 아이를 동시에 위로하기는 어렵다.

성향의 다름을 존중할 때, 아이들은 저마다 빛난다

결국 도전형과 안정형 중 어느 한쪽이 더 낫다고 말하기는 어렵다. 도전형 아이는 어려운 문제에 맞서 빠르게 성취를 이루는 장점이 있고, 안정형 아이는 한 걸음씩 차근차근 쌓아 올리며 탄탄한 기초를 다지는 강점이 있다. 부모가 이러한 차이를 인정하고 각자의 기질에 맞춰 지지해 줄 때, 아이는 부담을 느끼기보다 자신의 성향을 있는 그대로 사랑하게 된다.

도전형 아이에게는 "실패해도 괜찮아. 시도하는 것 자체가 이미 대단한 일이야."라고 격려해 주는 것이 중요하다. 안정형 아이에게는 "너는 서두르지 않아도 확실하게 익힐 수 있는 강점이 있어. 꾸준히 노력하면 분명 원하는 곳에 도달할 거야."라고 따뜻하게 말해 주어야 한다.

이러한 부모의 태도가 자리 잡으면, 아이는 "내가 이렇게 태어나길 잘했구나"라는 자부심을 느낄 수 있다. 도전형 아이는 자신의 에너지를 긍정적으로 활용하며 더욱 힘차게 앞으로 나아가고, 안정형 아이는 자신만의 템포로 실력을 쌓아가며 심리적 안정감을 얻는다. 만약 형제·자매가 서로 다른 성향이라면, 그 다양성 자체가 한 가족 안에서 풍부한 배움과 협력의 기회가 될 것이다.

우리 집의 경우, 첫째 아이는 도전 형이고 막내는 안정형이다. 첫째에게는 반복적인 학습지를 지양하고, 스스로 해결할 수 있는 것보다 약간 어려운 과제를 주어 도전을 유도했다. 반면, 막내는 반복 학습을 통해 성취감을 느끼는 아이였기에 그에 맞는 학습지를 활용했다. 결국 이 두 아이 모두 각자의 방식으로 성장해 나갔고, 박사 과정까지 이어진 것을 보니 어떤 유형인가보다 앞으로 나아가는 방식이 더 중요하다는 생각이 든다.

"우리 아이는 왜 이렇지?"라는 불만 대신, "우리 아이는 이런 방식으로 배움의 즐거움을 느끼는구나" 라고 인식한다면 부모의 시선이 훨씬 너그러워진다. 결국 사람마다 좋아하는 색깔이 다르듯, 학습 스타일도 모두 제 각각이다. 부모는 그 사실을 받아들이고 필요할 때마다 든든한 지원자가 되어주면 된다.

이것이 바로 도전 형 아이와 안정 형 아이 모두가 제 능력을 발휘하며 빛날 수 있는 핵심 포인트다. 아이의 기질에 맞는 목표와 환경을 제공하고, 실패나 혼란이 있을 때 함께 고민해 준다면, 그 아이는 자신에게 맞는 방식으로 앞으로 나아갈 것이다.내 아이가 내 기준과 다르다고 해서 갈등만 일어나는 것이 아니라, 각각의 자리에서 멋지게 빛날 수 있다는 사실을 기억하면 좋겠다.

성향별 학습 코칭
실전 팁

목표 설정: '미션' vs '체크리스트'

아이와 학습 목표를 세울 때, 부모들은 종종 고민한다. "하루에 일정 분량의 공부를 단순히 끝내라고 할까?" 또는 "이번 주 안에 '이 도전'을 해내자!" 같은 좀 더 자극적인 방식을 써볼까?"라는 딜레마다. 사실 답은 아이의 성향에 달려 있다. 흔히 이야기하는 '도전형'(모험심이 강하고 에너지가 넘치는 아이)과 '안정형'(조금 느리더라도 꼼꼼함과 반복 학습을 선호하는 아이)은 목표를 바라보는 태도가 사뭇 다르다. 그렇다면 어떤 식으로 접근해야 아이가 흥미를 느끼고 꾸준히 달려갈 수 있을까?

(1) 도전형 아이: '미션'식 접근으로 흥미 유도

도전형 아이는 "이걸 하면 어떤 이득이 있을까?" 같은 실용적 계산보다는, '도전 그 자체가 주는 스릴'에 더 끌린다. 이들은 작은 목표를 단순 반복하기보다는, 특정 기간 안에 조금 어려운 '과제'를 달성했을 때 생기는 쾌감에 흥미를 느낀다. 예를 들어보자.

영어 듣기 미션

이번 주 토요일까지 네가 가진 영어 듣기 자료 중에서 가장 난이도 높은 파일 3개를 골라, 매일 2~3분씩 집중해서 들어 보고, 토요일에 엄마(아빠)에게 그 내용을 요약해 설명해 보기!

이 말만 들어도 도전형 아이는 "오, 재밌겠다!" 하고 의욕을 낼 수 있다.

단순히 "영어 듣기 자료를 하루에 15분씩 들어라" 라고 하는 것보다, "난이도 높은 것 3개를 정해진 기한 내에 분석해 보고 발표"라는 미션이 존재하기에 의욕이 훨씬 커진다.

즉각 보상 & 반응

이 미션을 달성했을 때, 부모가 가볍게 이벤트를 열거나, 온 가족 앞에서 발표 기회를 주는 식으로 보상을 마련하면 동기가 한층 올라간다.

"온 가족이 다 모인 데서 네가 들은 내용 요약을 들어 보자?" 듣고 나서 박수도 쳐 주자!

"이번 미션 성공 기념으로, 일요일에 너 좋아하는 디저트를 먹으러 갈까?"

이런 말은 도전형 아이에게 강력한 에너지가 된다.

주의할 점

미션이 너무 커서 아이가 감당하기 어렵다고 느끼면, 도전형 특유의 자신감이 쉽게 꺾일 수 있다. "약간 어려운" 정도가 이상적이다. 아이가 "좀 힘들지만, 해볼 만해!"라고 느끼도록 난이도를 조절해야 도전과 목표 사이에서 재미를 느낀다.

결국, 도전형 아이에게 미션 형태의 목표는 매우 매력적이다. 약간의 긴장과 성취감을 함께 맛보며, "조금 더 어려운 과제도 해 볼까?"라는 자발적 의욕을 자연스럽게 끌어낼 수 있다.

(2) 안정형 아이: '체크리스트'로 꼼꼼함을 살린다

안정형 아이는 한 번에 확 도약하기보다, "오늘 이만큼, 내일 저만큼" 같은 세분화된 계획을 차근차근 실천하면서 만족을 느낀다. 이런 아이에게는 '체크리스트형 목표'가 딱 맞는다.

예를 들어

영어 독해 체크리스트

"월요일에는 영어 독해 교재 한 챕터를 천천히 읽고, 화요일에는 낯선 문장 3개를 골라 노트에 정리하기, 수요일에는 그 문장들을 다시 한번 소리 내어 읽어 보기, 목요일에는 챕터 전체를 복습하면서 이해 안 되는 문장 표시하기."

이렇게 구체적으로 나눈 뒤, 매일매일 진행한 내용을 체크리스트로 표시하게 한다. 아이는 각 항목을 끝낼 때마다 체크 표시를 하며, "오, 오늘도 내가 한 단계를 마쳤네!"라고 조용한 성취감을 쌓는다.

작게 쪼개야 의욕이 생긴다

안정형 아이는 "이번 주에 영어 독해 교재 5챕터를 모두 마치자"처럼 덩어리가 큰 목표를 주면 압박부터 느낀다. 그보다는 "첫 2일간은 챕터 1, 다음 2일은 챕터 2, 주말엔 복습"처럼 잘게 분할해 주면, 아이가 "이 정도라면 나도 해 볼 만하겠다!"라며 안도한다.

과정 칭찬

체크리스트를 실행하는 동안, 부모가 "오늘은 어제보다 한 단계 더 체크했네? 기분 어때?" 정도의 가벼운 코멘트를 해 주는 것만으로도 아이는 자신감을 얻는다. "어제보다 조금 더 해 냈구나"라는 생각이 쌓일 때, 안정형 아이는 반복 학습을 더욱 긍정적으로 바라보게 된다.

주의할 점

체크리스트가 너무 많거나 복잡하면, 아이가 중간에 지칠 수 있다. 3~4개 정도로 간결하게 선별해, '실천 가능하고 확인할 수 있는' 범위 내에서 꾸준히 진행하는 것이 핵심이다.

결국, '체크리스트형 목표'는 안정형 아이에게 '조금씩 전진한다'는 안도감을 준다. 한 항목씩 체크해 가면서, 아이는 스스로의 꾸준함을 긍정적으로 인식하게 된다.

(3) '미션'과 '체크리스트'를 혼합할 수도 있다

사실 아이가 어떤 성향이든, 미션과 체크리스트 방식을 적절히 혼합할 수도 있다. 예컨대 큰 틀에서는 '한 달 미션'을 설정하고("이번 달 안에 에세이 한 편 완성하기"), 주간 혹은 일일 계획은 체크리스트로 만든다.

도전형 아이라도 매일 계획 없이 무작정 달리다 보면 놓치는 부분이 생길 수 있어, 체크리스트로 세부 항목을 확인해 주면 안정감이 생긴다. 안정형 아이도 장기적인 '미션'이 있으면, "아, 저 목표

를 달성하기 위해 오늘도 조금씩 해 나가면 되겠구나"라는 동기가
더 커진다.

목표라는 '도구' 활용으로 아이를 성장시키자

목표 설정은 그 자체로 학습 성과에 큰 영향을 미치지만, 사실 그보다 더 중
요한 목적이 있다. 바로 아이가 "아, 난 해낼 수 있구나!"라는 믿음을 얻게 만
드는 것이다.

도전형 아이가 미션을 달성했을 때, "역시 난 조금 어려운 것도
해낼 수 있네!"라는 쾌감을 맛보고,

안정형 아이가 하루하루 체크 항목을 채워 가며 "오, 꾸준히 하
니까 진짜 많이 왔네!"라는 성취감을 느낄 때 공부 자체에 대한 긍
정적인 태도가 자연스럽게 형성된다.

부모는 목표를 단순히 학습량을 늘리는 수단으로 생각하는 대신
에 아이가 학습을 통해 스스로를 믿게 만드는 심리적 장치로 삼아
야 한다. 도전 형이든 안정 형이든, 자기 성향에 맞춰 목표가 설정
되면 아이는 "나, 이거 생각보다 재미있고 할 만하네!"라는 생각을
스스로 하게 된다. 이것이 부모 입장에서 목표를 설정하고 그 목표
를 성공적으로 이끈 보람을 느낄 수 있는 최고의 순간일 것이다.

안정형 아이를 위한 '입시 영어 체크리스트' (1주일 예시)

목표: 매일 조금씩 입시 영어(문법, 독해, 단어, 듣기 등)에 필요한 핵심 항목을 점검하여, 주말까지 꾸준히 진도와 이해도를 확보

적용 대상: 중·고등학생 (하루 40~50분 내외 집중 학습 가능)

월요일(Mon)

이번 주 학습 범위 & 내신·수능 대비 계획 점검

◦ 이번 주에 다룰 교과서/부교재 범위(예: 3단원) 확인

◦ 단어·문법 포인트 미리 목록화

독해 지문 1개 (중간 난이도) 풀이 + 오답 확인

◦ 지문 풀이 후, 틀린 문제나 애매했던 질문 표시

◦ "왜 틀렸는지?" 간단 메모

화요일(Tue)

전날 틀린 문제 복습

◦ 교과서/부교재에서 헷갈렸던 문법이나 구문 짚어 보기

◦ 부모 혹은 선생님에게 질문해 명확히 이해

문법 문제집 2~3문제 풀기

◦ 특정 파트(시제·가정법 등) 중심으로

◦ 중요한 규칙 1개 이상 노트에 정리

수요일(Wed)

중·상 난이도 독해 지문 추가 1개 풀이

◦ 시험 또는 기출문제 형태를 선택

◦ 풀이 시간 재면서 실전 감각 확인

짧은 듣기 자료(모의고사 듣기 5분 내외)

◦ 듣기 스크립트 함께 보며, '못 알아들었던 표현' 파악

◦ 연습 후, 다시 한번 들어 보고 어느 정도 캐치되는지 체크

목요일(Thu)

주말 모의고사 대비용: 단기간 '약점' 파악

◦ 월·화·수에 표시한 '오답'이나 '이해 안 된 구문' 다시 살펴보기

◦ 더 공부가 필요한 부분에 하이라이트

15분 이상 집중 단어 복습 (범위 설정)

◦ 내신 시험/수능 필수 어휘 리스트 중 이번 주 학습분

◦ 간단한 퀴즈 형태(스스로 테스트 or 부모가 구두로 물어보기)

금요일(Fri)

주간 학습 총정리

◦ 월~목 체크리스트 항목 중 미처 못 끝낸 것 있으면 마무리

◦ 한 주간 틀린 문법·독해 문제를 마지막으로 확인

실전 모의고사 소규모 풀기(독해/문법 5문제 정도)

◦ 이번 주 학습 내용과 연계된 난이도

-풀이 후, 아이가 "이제 좀 익숙해졌어"라고 느끼는지 묻고, 부모가 피드백

추가 팁

토요일/일요일:(weekend)

◦ 여유가 되면 토요일에 짧은 모의고사(20~30분 분량) 한 번 더 풀어 보고, 일요일엔 가볍게 복습·휴식.

◦ 월~금 학습 리스트 중 진행이 미진한 항목을 보충하는 날로 쓰기도 좋음.

체크리스트 시각화:

◦ 각 항목을 '☐ 항목1, ☐ 항목2' 형태로 작성해, 아이가 하나씩 실천할 때마다 체크 표시하도록 함.

◦ 매일/매주 누적되면 아이가 "어, 나 이렇게 많이 해냈네!"라고 부듯해한다.

보상·격려:

◦ 주간 체크리스트를 거의 다 달성했다면, 간단한 보상(좋아하는 간식 or 휴식 시간 30분 늘리기 등)으로 마무리. 아이가 "이제 다음 주도 할 만하겠는데?" 라고 느끼도록 긍정적 분위기 조성.

2. 입시 영어 체크리스트

	월 (Mon)	화 (Tue)	수 (Wed)	목 (Thu)	금 (Fri)
1. 오늘의 독해 (지문 1개 풀이 or 교과서/부교재 1단원 부분 독해)					
2. 틀린 문제/어려운 구문 복습 (어제·오늘 틀린 문제를 1~2개만 골라 다시 확인)					
3. 문법 문제 2~3개 풀기 (특정 파트: 시제, 가정법 등)					
4. 듣기/리스닝 5~10분 (모의고사나 EBS 등에서 1~2지문 청취 & 핵심 표현 체크)					
5. 어휘/표현 체크 (교과서·부교재·기출 등에서 오늘 익힌 표현 3개만 메모)					

성적을 결정짓는 건 재능이 아니다: 꾸준함이 만든 명문대 합격

꾸준함이 재능을 이기는 순간

민서는 언제나 반에서 손꼽히는 '똑똑이'였다. 새로운 단어를 외우는데 어려움을 느낀 적이 없었고, 영어 지문도 휙 훑기만 하면 정답을 척척 맞혔다. 선생님이 문제 풀이를 설명하는 동안 이미 답을 적어놓고 장난스러운 미소를 짓던 민서의 모습은 그녀의 타고난 학습 능력을 여실히 보여주었다.

반면, 유정은 늘 애를 먹었다. 단어를 여러 번 써보며 외워도 시험지 앞에서는 헷갈려 실수를 연발했다. 어렵게 이해한 독해 지문에서도 문장 구조를 놓쳐 엉뚱한 답을 고르기 일쑤였다. "선생님, 저 머리가 나쁜가 봐요. 아무리 해도 잘 안 돼요." 한숨을 쉬며 울먹이던 유정의 모습은 안쓰러웠다. 하지만 유정이는 포기하지 않았다. 틀린 문제를 다시 풀고, 헷갈리는 단어를 작은 수첩에 빼곡히 적어 다니며 하루하루 성실하게 나아갔다.

시간이 흘러 두 아이가 고등학생이 되었을 때 상황은 달라졌다. 민서는 점점 심화된 개념과 긴 문장을 다뤄야 하는 문제들을 접하면서, 예전처럼 감각만으로 풀 수 없다는 걸 깨닫게 되었다. "문법이 너무 어렵고, 문장이 길어서 해석이 안 돼요." 투덜대던 민서는 점점 공부에 대한 흥미를 잃어갔다. 그동안 타고난 재능에 의존해 왔기에, 반복 학습의 필요성을 실감했을 때는 이미 늦어 있었다. 미처 이해하지 못한 문제들이 쌓여갈수록 자신감을 잃었고, 결국 공부와 점점 멀어졌다.

반면, 유정은 여전히 느리지만 자신의 방식대로 꾸준히 앞으로 나아갔다. 틀린 문제는 반드시 오답 노트에 정리해 원인을 분석했고, 외운 단어가 문장에서 어떻게 쓰이는지 직접 예문을 찾아보며 복습했다. 친구들보다 속도는 느렸지만, "어제보다 조금 더 나아지자"는 마음가짐으로 반복 학습을 이어갔다.

뇌 과학자이자 학습 전문가인 Dr. John Medina는 "반복 학습은 뇌가 새로운 정보를 장기 기억으로 저장하는 데 핵심적인 역할을 한다"라고 말한다. 유정이 매일 단어와 문법을 복습한 것은 뇌에 '이 정보는 중요하다'는 강력한 신호를 지속적으로 보내는 과정이었다. 그 결과 그녀의 기억은 점점 단단해 졌고, 성적도 꾸준히 상승했다.

졸업을 앞두고 입시 결과가 발표되던 날, 두 아이에게도 소식이 전해졌다. 민서는 원하는 대학에 합격하지 못해 아쉬워했다. "그냥… 성적에 맞춰 갔어요."라고 말했지만, 그의 표정에는 실망감이 묻어났다. 반면, 유정은 기쁜 얼굴로 합격 소식을 전했다. "선생님, 저 고려대 합격했어요!"라고 외치는 그녀의 목소리에는 환희가 가득 차 있었다.

이 두 아이의 이야기는 학습에서 재능이 전부가 아니라는 사실을 다시금 상기시킨다. Dr. Emily Carter는 "꾸준함과 반복 학습은 학습 내용을 뇌의 장기 기억으로 전환하는 데 필수적인 요소"라고 강조한다. Dr. Carol Dweck 역시 "어린 시절에 형성된 꾸준한 학습 습관은 단기적인 성적 향상을 넘어, 인생의 다양한 도전에 대처할 수 있는 힘을 길러준다"라고 설명한다.

결국, 민서가 가진 뛰어난 재능은 반복 학습과 꾸준함이 뒷받침되지 못했을 때 한계를 보였고, 유정은 작은 발걸음들의 축적이 만들어낸 커다란 성장을 몸소 증명했다. 성적을 결정하는 것은 타고난 재능이 아니라, 하루하루 쌓아가는 꾸준한 노력이다. 학습에 있어서 중요한 것은 단기적인 성과가 아니라, 지치지 않고 조금씩 걸음을 옮길 때 '재능을 넘어서는 힘'을 발휘할 수 있다는 사실이다.

6부

가정에서 실천하는
학습 관리와 동기 부여

학습은 학교와 학원에서만 이루어지는 것이 아니다. 아이가 집에서 공부할 때 느끼는 분위기, 부모의 지원 방식, 그리고 아이 스스로 문제를 해결해 보려는 태도가 학습 성취도에 큰 영향을 준다. 가정에서의 학습 관리와 동기 부여는 단순히 "공부해!"라고 말하는 것을 넘어, 아이가 자신만의 속도로 작은 성공을 반복하며 공부를 즐기도록 돕는 일이다. 이번 장에서는 집에서 만들어 줄 수 있는 작은 성공 경험을 중심으로, 아이 스스로 문제를 해결하도록 기다려 주는 방법과 학습 슬럼프를 극복하기 위한 '재미 요소' 결합에 대해 살펴본다.

집에서 만들어 주는
'작은 성공 경험'

1. 아이 스스로 해결하도록 기다려 주는 법

부모가 집에서 아이를 가르칠 때 가장 흔히 마주치는 상황은, "조금만 막히면 바로 도와줘야 하나, 아니면 스스로 해결하게 놔둬야 하나?" 하는 고민이다. 아이가 어려워하는 모습을 보는 것이 안쓰럽기도 하고, 괜히 시간을 허비하는 것처럼 보이기도 해서 성급하게 개입하기 쉽다. 그러나 아이가 자기 힘으로 문제를 풀고, 그 과정을 통해 작은 성취감을 얻는 순간이 학습 동기를 크게 끌어올리는 열쇠이다.

성급한 개입 vs 지켜보기

부모가 성급하게 개입하면 아이는 "내가 조금만 헤매도 엄마(아빠)는 도와줄 거야"라고 믿게 된다. 그 결과 스스로 고민하는 시간이 점점 줄어들고, 학습 문제가 생길 때마다 "부모의 답안"을 먼저 찾게 된다. 반면, 부모가 어느 정도 거리를 두고 지켜봐 주면, 아이는 "이 문제를 해결하는 건 결국 나"라는 책임감을 가지게 된다.

예를 들어 아이가 영어 독해를 하다가 한 문장을 잘 이해하지 못한다고 말할 때, 부모가 곧바로 해석을 알려 주지 않고 "어떤 부분이 헷갈려? 앞뒤 문맥을 다시 한 번 살펴 볼까?"라고 물어보는 방식을 쓴다. 아이가 스스로 다시 문장을 보고, 사전을 찾거나 문맥을 추론해 보는 과정을 거치면 해결 능력이 높아진다.

만약 아이가 시간이 꽤 걸리고 짜증을 내는 상황이 온다면, "그래도 한 번 더 시도해 보고, 안 되면 그때 엄마(아빠)랑 같이 생각해 보자" 정도로 시간을 정해 준다. 아이가 완전히 막히면 그때 최소한의 도움을 제시해도 늦지 않다. 이때, 답을 알려주는 것이 아닌 답을 찾도록 부모가 가이드 역할만 하는 것이 좋다.

아이 스스로 작은 성공을 느끼게 하기

학습 동기는 "내가 해냈다"라는 느낌에서 커진다. 부모가 대신 문제를 풀어 주면, 아이는 결과적으로 정답을 얻어도 성취감을 얻지 못한다. 오히려 아이가 스스로 시도했을 때 성취감이 극대화된다.

구체적인 예로, 영어 문법 문제를 풀 때, 부모가 처음부터 풀이 과정을 상세히 설명하지 말고 먼저 아이가 해당 문법 개념을 얼마나 이해하고 있는지 가볍게 점검한 뒤, 문제를 해결하는 핵심 포인트만 간단히 짚어 주는 정도로 그치는 것이 좋다. 그런 다음 아이가 스스로 문제에 도전하도록 유도하면, "아, 이 개념을 이렇게 적용하면 되겠구나"라는 자기 사고 과정이 생기고, 문제를 해결하는 힘이 자연스럽게 길러진다.

중요한 것은 부모가 그 순간 "잘 했어! 네가 직접 해냈구나!"라고 즉각적인 반응을 보여 주는 일이다. 아이는 "시간이 좀 걸려도 괜찮구나. 내가 혼자서도 해결할 수 있구나"라는 자신감을 얻게 된다.

부모가 기다리는 태도, 아이는 책임감을 갖는 태도

아이가 문제를 해결하는 동안 "아직도 못 했어?"라고 다그치거나, 고개를 뒤에서 디밀며 참견하면 안 된다. 아이도 "이걸 내가 좀 더 생각해 볼 수 있구나. 부모는 바로 개입하지 않겠구나"라는 느낌을 받아야 한다. 그래야 책임감을 느끼고 한 번 더 머리를 쓰게 된다. 아이가 학습 과정에서 책임감을 갖게 되면, 장기적으로 "부모의 답안"이 아니라 "내 방식"을 찾아내는 힘이 생긴다.

2. 학습 슬럼프 극복: 일상 속 재미 요소 연결하기

학습을 하다 보면 아이가 슬럼프에 빠지는 시기가 온다. "공부하기 싫어", "재미가 없어"라는 말을 반복하면서, 부모가 아무리 독려해도 움직이지 않으려 한다. 이런 시기에 아이에게 "열심히 해!"라고 재촉하는 것만으로는 역부족이다. 오히려 공부 자체를 일상 속 재미 요소와 연결해 주면, 아이가 조금씩 흥미를 되찾게 된다.

게임 활용

게임이라고 하면 "공부와는 별개"라고 여기기 쉽지만, 아이가 좋아하는 게임의 룰이나 시스템을 간단히 적용해 볼 수 있다. 예컨대 매일 영어 듣기 10분을 성공할 때마다 포인트를 주고, 포인트가 일정량 모이면 아이가 원하는 보상(간단한 간식이나 가족과 함께하는 게임 타임)으로 교환한다. 이런 방식은 게임에서의 레벨 업이나 코인 모으기 개념과 유사해서, 아이가 슬럼프 시기도 "그래도 포인트 쌓아야지!"라는 마음으로 공부를 시작할 수 있다.

주의할 점은 보상이 너무 과해지면 아이가 "보상을 위해서만" 공부하게 될 수 있으므로, 소소하고 지속 가능한 형태여야 한다. "오늘 10분 듣기 성공이면 1포인트, 내일 10분 듣기 성공이면 또 1포인트" 식의 작은 보상 체계가 좋다.

음악·영상과 결합

아이들이 음악이나 영상을 좋아하는 것은 자연스러운 일이다. 학습 슬럼프가 왔을 때, 부모가 "그럼 네가 요즘 자주 듣는 음악 가사를 영어로 살펴볼까?" "네가 좋아하는 영상(다큐, 유튜브)을 영어 자막으로 볼까?"라고 제안한다.

공부가 지겨운 아이도 "어, 이건 내가 좋아하는 콘텐츠 구나?" 하며 호기심을 가진다. 그 과정에서 자연스럽게 학습 요소(새로운 단어, 표현, 문맥 이해 등)를 접한다.

예를 들어 아이가 즐기는 게임의 스토리를 영어로 정리해 보는 식으로도 확장할 수 있다. "그 게임에서 나오는 캐릭터 능력이 영어로 어떻게 표현되는지 찾아볼까?"처럼 재미있는 대화를 유도한다.

일상 속 '미니 프로젝트'

슬럼프가 심해지면, 공부가 "교과서 문제 풀이"로만 여겨지기 쉽다. 이때 부모가 간단한 미니 프로젝트를 제안할 수 있다.

"이번 주말에 우리 집에서 가족 영어 퀴즈 타임 열까? 네가 문제 내고, 내가 맞춰 볼게."

"짧은 영어 만화책이나 기사를 찾으면, 다음 주에 그 내용 간단히 발표해 볼까?"

이런 활동은 교과서 범위를 벗어난 것 같아 보이지만, 아이가 자기식으로 공부를 '활용'하는 기쁨을 느끼게 만든다. 이때 아이가 "내가 프로젝트를 주도하는구나" 라고 느끼면, 슬럼프로 인해 잃어버렸던 열정이 되살아난다.

성과의 시각화와 확산

아이에게 "이번 주에 네가 한 걸 간단히 기록하거나 사진으로 찍어 보자" 라고 제안하면, 눈에 보이는 증거가 생긴다. 예컨대 매일 게임 타임 후 영어 단어 3개를 노트에 써 두거나, 영상 본 뒤 간단히 소감을 한 줄 쓴 메모를 모아서 스크랩북을 만들 수도 있다.

아이가 슬럼프 속에서도 "그래도 내가 한 주 동안 이렇게 해 냈네" 라고 돌아보면, "나도 아무것도 안 하진 않았구나"라는 안도감을 얻게 된다. 마음의 여유가 조금 생기면, 슬럼프에서 벗어나 다시 공부 흐름을 찾기가 쉬워진다.

작은 성공이 모여 '가정 학습' 동기를 만든다

가정에서 아이의 학습을 돕는 핵심은, 아이 스스로 해냈다는 느낌을 끊임없이 만들어 주는 일이다. 부모가 당장 정답을 제시하지 않고 기다려 주면, 아이는 어려운 문제도 스스로 시도해 볼 용기를 낸다. 이때 작은 성공을 맛본 아이는 "조금 더 해 보고 싶다"라는 마음이 생기고, 그 마음이 슬럼프를 극복하는 동력이 되기도 한다.

학습 슬럼프가 올 때, 무조건 "더 열심히 해!"라고 다그치는 대신, 아이 일상 속에서 흥미를 찾도록 돕는 것이 중요하다. 게임·음악·영상 등 아이가 좋아하는 요소를 공부와 자연스럽게 연결하면, 의욕을 잃었던 아이도 "이건 좀 즐거운 시도 같아" 라고 느낄 수 있다. 그렇게 생긴 흥미가 다시 "자발적 학습" 으로 이어진다.

결국, "아이 스스로 해결해 보는 시간"과 "재미 요소를 통한 슬럼프 극복"은 가정 학습 환경을 건강하게 만드는 양대 축이다. 부모가 한 발 물러서서 아이의 시도를 존중해 주고, 슬럼프 때는 다양한 재미 요소로 다시 불씨를 붙여 주면, 아이는 "집에서 공부하는 게 그렇게 지루하지만은 않네?"라고 느끼게 된다. 그 작은 변화가 쌓여, 아이의 학습 태도를 한 단계 성숙시켜 주는 길이 된다.

학습 습관 잡기:
환경·시간·리듬 관리

아이에게 공부 습관을 잡아 주는 과정은 "매일 일정량의 공부를 마치게 하자" 정도로만 접근해서는 부족하다. 학습 환경을 어떻게 만들고, 하루 중 언제 집중하도록 유도하며, 아이에게 맞는 리듬과 보상 체계를 어떻게 마련해야 할지가 관건이다. 이 장에서는 스마트폰·TV 등 방해 요소를 현명하게 조절하는 법, 짧은 시간 집중 & 즉각 피드백(25+5 사이클), 그리고 아이 개인별 학습 리듬 파악과 보상 시스템 활용에 대해 구체적으로 살펴보자.

스마트폰·TV 등 방해 요소 줄이기: "현실적 규칙" 세우기

현대 가정에서 가장 큰 적은 스마트폰, TV, 게임기 같은 디지털 기기이다. 아이 뿐 아니라 부모도 쉬는 시간을 스마트폰으로 보내는 게 당연해진 시대이다. 그러나 공부 시간만큼은 이러한 방해 요소를 줄이거나 통제하는 현실적 규칙이 필요하다.

1. 가정 내 미디어 사용 가이드 만들기

▶ 무조건 "휴대전화 금지" 라고 선언하기보다, 특정 시간대(예: 오후 8시~10시)를 '집중 학습 타임' 으로 정하고 그 시간에는 온 가족이 스마트폰·TV를 사용하지 않는다고 합의한다.

▶ 아이 혼자만 강제로 규제하면 억울해 할 수 있다. 부모도 함께 "우리 모두 이 시간에는 미디어를 멀리 하자" 라고 실천하면 아이가 덜 반발한다.

2. 공부 공간과 미디어 기기를 물리적으로 분리

▶ 공부방에 TV가 있거나, 스마트폰이 손 닿는 거리에 있으면 아이는 의지와 상관없이 신경이 분산된다.

▶ 충전기나 스마트폰 보관함을 거실에 두고, 공부 중에는 방에

가져가지 않도록 한다. 필요하면 부모가 잠시 맡아 주는 방식으로 물리적 거리를 확보한다.

3.'일괄 차단'이 아니라 '선 긋기'

▶ 휴대전화를 아예 숨겨 버리는 극단적 방식은 아이가 내 자유를 침해 당했다고 느낄 수 있다.
▶ 한 시간 이상 공부하면 10분간은 스마트폰을 확인하거나, 하루 필요한 학습이 끝난 뒤에는 일정 시간 사용해도 좋다는 식으로 현실적인 선을 긋는다.
▶ 매일 밤 10시 이후에는 모든 디지털 기기를 공용 테이블에 두는 식으로 야간 사용을 제한하는 방법도 있다.

결국, 미디어 사용 규칙은 아이와 부모가 함께 정해야 효과가 크다. 아이가 "내 폰인데 왜 엄마가 뺏아가는데?"라고 반발하지 않도록, "이 시간에 집중하고 나면, 내가 편하게 폰을 쓰는 시간도 있겠지"라는 메시지를 분명히 해 준다. 이 과정을 통해 아이도 미디어 사용을 스스로 통제하는 습관을 점차 익히게 된다.

짧은 시간 집중 & 즉각 피드백: 25+5 사이클

요즘 포모도로 기법으로 알려진 25분 집중 + 5분 휴식 구조를 학습에 적용하면, 아이가 공부에 대한 몰입도를 높이면서도 지루함을 덜 느낄 수 있다.

1.25분 집중, 5분 휴식의 이유

인간의 뇌는 무한정 집중하기 어렵다. 25분 정도의 짧은 몰입은 대부분의 아이들이 충분히 시도해 볼 만한 시간이다. 25분이 끝나면 타이머를 끄고, 5분 정도는 가벼운 스트레칭이나 휴식, 물 마시기 등을 하게 한다.

2.즉각적인 피드백 주기

아이가 25분 집중 타임을 마치고 나면, 부모가 "어떤 부분을 했어?" "어려운 건 없었어?" 등 가벼운 대화를 통해 아이의 성취를 확인한다. 이때 "오, 벌써 여기까지 봤구나. 생각보다 빠르네!" 처럼 구체적인 칭찬을 해 주면, 아이는 "내 노력을 부모가 보고 있구나" 하고 느낀다.

3.방해 요소 미리 차단

25분 동안만이라도 스마트폰을 책상에서 치우고, 메신저·알림을 꺼 두는 것이 좋다. 아이는 "이 시간만 참으면 휴식 시간에 확인할 수 있지" 라고 생각하므로 집중이 더 쉬워진다. 이 방법을 반복하면, 학습 효율이 올라가면서도 아이가 "오랜 시간 앉아 있어야 한다"는 부담을 덜 느낀다.

4.활용 방식의 변형

꼭 25분+5분 사이클이어야 할 필요는 없다. 아이가 연령이나 과목 특성에 따라 20+5, 30+5로 조정해도 된다.

핵심은 "몰입 시간"과 "짧은 휴식"을 번갈아 반복하여 집중력의 끈을 계속 잡게 하는 것이다.

이 기법의 장점은 아이가 잠시 지쳐도 '5분 뒤면 쉬는 시간'이라는 인식 덕분에 쉽게 공부를 이어 갈 수 있다는 점이다. 부모가 옆에서 시간을 재주거나, 타이머 앱 등을 활용해 아이가 스스로 시간을 관리하도록 해도 좋다.

아이 별 학습 리듬 파악 (아침형 vs 저녁형), 보상 시스템 활용

모든 아이가 똑같은 시간대에 집중력이 오르지 않는다. 어떤 아이는 아침에 에너지가 넘치고, 어떤 아이는 저녁에 집중력이 활발해진다. 부모가 아이의 생체리듬을 파악하여 최적의 공부 시간을 잡아 주면 학습 습관을 훨씬 수월하게 만들 수 있다.

1.아침형 아이

아침형 아이는 오전 중에 머리가 맑고 기억력도 좋은 편이다. 이때 영어 독해나 수학 문제 풀이 같은 집중도가 필요한 과목을 배치하면 효율이 높다.

오후가 되면 지치는 스타일이 많으므로, 오후 시간대에는 복습이나 가벼운 과목을 할 수 있게 하고, 취침 시간을 너무 늦추지 않는 편이 좋다.

2.저녁형 아이

일부 아이는 오전에는 몸이 무겁지만, 해가 지고 나서 서서히 집중력이 살아난다. 이 아이들은 야간에 1~2시간 정도 고도의 몰입 시간을 마련해 주면 의외로 깊이 있는 공부를 해 낼 수 있다.

다만 밤을 새우는 습관이 되지 않도록, 부모가 11시나 12시 같은 '취침 마감 선'을 정하고, 그 시간 전까지는 공부를 마칠 수 있게 돕는다.

3.보상 시스템 활용

학습 리듬에 맞춰 공부 계획을 세운 뒤, 아이가 그 계획을 지킬 때마다 투명한 보상 체계를 적용한다. 예컨대 주중 내내 25+5 사이클로 하루 3번 집중 학습을 해 냈다면, 주말에 추가 자유 시간을 주거나, 간단한 체험 활동을 함께 한다.

보상은 현금이나 큰 선물보다는 경험적·심리적 보상(좋아하는 간식, 게임 30분 허용, 가족 나들이 등)이 아이의 동기 유지에 더 좋다.

아이가 아침 형이면 "내일 아침에도 잘 일어나서 1시간 집중해 보자. 그러면 토요일에 하고 싶은 걸 한 번 해 보자!" 식으로 구체적인 상황을 제시한다. 저녁 형이면 "오늘 밤 한 시간만 진짜 열공하면, 잠자기 전에 원하는 짧은 영상을 볼 수 있겠지"라는 식으로 유도한다.

4.변화에 유연하게 대처하기

아침형과 저녁형은 고정된 것이 아니다. 학년에 따라 바뀔 수 있다. 아이가 사춘기에 접어들면 생활 패턴이 달라질 수 있으므로, 부모가 주기적으로 아이와 대화를 나누며 '지금 리듬에는 어떤 학습 시간이 더 효과적이니?'라고 점검해야 한다.

보상 체계도 아이가 익숙해지면 새롭게 변주할 필요가 있다. 오랫동안 같은 보상을 주면 흥미가 떨어지므로, "이번에는 다른 보상을 해 볼까?"라고 같이 결정해 가는 편이 좋다.

환경·시간·리듬이 뒷받침될 때 공부가 습관이 된다

아이에게 공부 습관을 길러 주려면, 단발성 지도가 아니라 환경· 시간·리듬을 전반적으로 관리해 주어야 한다. 스마트폰·TV 같은 방해 요소를 현명하게 줄이고, 짧은 시간 집중 + 휴식 사이클을 적절히 반복하며, 아이에게 맞는 학습 리듬을 찾아 보상까지 연결하는 방식이 가장 안정적이다.

결국, 아이는 "내가 부모와 함께 정한 규칙 속에서, 스스로 시간을 운영하면서, 조금씩 목표를 달성해 나가는구나" 라고 느끼게 된다. 이것이 학습의 습관화로 이어진다. 규칙과 리듬이 몸에 배면, 아이는 굳이 큰 의식이나 의지력을 발휘하지 않아도 자신만의 공부 패턴을 유지하게 된다. 그러면 부모가 매일 일일이 지시하지 않아도, 아이는 이 시간에는 공부를 해야겠다고 스스로 책을 펼치게 된다.

이렇듯 환경·시간·리듬이 잘 맞아떨어지면, 공부는 더 이상 힘든 투쟁이 아니라 매일 반복되는 일상 루틴이 된다. 아이가 가장 편안한 시간에, 가장 집중하기 좋은 환경에서, 보상과 함께 조금씩 목표를 달성하는 것을 경험할 때, 비로소 "공부가 괜찮네?"라는 긍정적 인식을 얻을 수 있다. 그리고 그것 이야말로, 가정에서 학습 습관을 확립하는 데 있어 가장 큰 성과라 할 수 있다.

3장

부모가 만드는 독서 습관:
영어 독해력 강화에 비 문학이 중요한 이유

영어 시험에서는 문학 지문도 나오지만 더 큰 비중을 차지하는 것은 비 문학 지문이다. 과학·역사·사회·심리 등 다양한 분야에서 뽑은 비 문학 텍스트가 고난도 문제로 출제되는 경우가 많다. 아이들이 "도대체 무슨 말인지 모르겠어" 라고 힘들어하는 이유도 이런 비 문학 지문이 길고 복잡하며 낯선 정보를 담고 있기 때문이다. 결국 영어 독해력을 키워서 시험에서 고득점을 받으려면, 비 문학 유형 글을 읽는 능력이 필수이다. 이 장에서는 "어려 서부터 비 문학 글을 많이 읽어 둬야 하는 당위성"과 지금이라도 늦지 않았다면 전략적으로 비 문학을 읽는 방법 그리고 부모가 어떤 식으로 아이를 도와줄 수 있는지를 구체적으로 살펴본다.

시험에서 비 문학이 중요한 이유

1.출제 지문의 다수가 비 문학

영어 시험(내신·수능·모의고사)에서 문학이 나오지 않는 것은 아니지만, 실제로 주제·목적 찾기, 빈칸 추론, 순서 배열, 삽입 문제 등은 비 문학 지문으로 구성되는 비율이 높다. 그 지문들은 과학·시사·기술·인문·철학 등 폭넓은 영역을 다룬다. 아이가 일상적으로 이런 분야에 익숙하지 않으면, 지문을 처음부터 이해하기 어렵다.

2.긴 지문과 복잡한 논리 전개

비 문학 텍스트는 사실 정보 전달이 주목적이기 때문에, 논리 흐름이 복잡하거나 전문 용어가 등장하기도 한다. 아이가 평소에 정보를 구조적으로 파악하는 연습이 부족하면, 문제를 풀다가 "도대체 문단이 어떻게 이어지는지 모르겠다" 라고 좌절하기 쉽다.

3. 문학보다 추론·분석 요구가 큼

문학 지문은 감정이나 서사를 이해하는 힘이 중요하지만, 비 문학 지문은 "정보가 어떻게 제시되고, 어떤 근거로 결론을 도출하는지"를 분석하는 힘이 핵심이다. 아이가 이런 사고 과정을 몸에 배게 하려면, 꾸준히 비 문학 글을 접하면서 주제·논리 전개를 살피는 습관이 필요하다.

어려서부터 비 문학에 익숙해지는 것이 왜 중요한가

1.어휘·배경지식 누적

비문학에는 과학 용어, 경제 개념, 철학적 표현 등 다양한 분야의 어휘가 섞인다. 아이가 일찍부터 이런 글을 가볍게 접하면, 자연스럽게 배경지식이 쌓이고 어휘에 대한 두려움이 줄어든다. 나중에 시험 지문에서 비슷한 주제를 만나면 "아, 이건 전에 본 적 있지"라고 반가워할 수 있다.

2.논리 구조 파악 습관

비 문학 글은 서론-본론-결론, 문제 제기-해결 방안, 원인-결과 등 논리 전개가 뚜렷하다. 어릴 때부터 비 문학 글을 읽어 본 아이는 "문단이 이렇게 이어지는구나" "여기서 예시를 들었구나" 등을 직관적으로 파악한다. 이런 능력이 시험장에서 빈칸 추론·순서 배열 문제를 해결할 때 빛을 발한다.

3.읽기 거부감을 줄임

문학만 읽고 자란 아이는 정보 성 글을 만나면 "지루해" "이해가 안 돼" 라고 싫어할 수 있다. 반면 비문학에 익숙해진 아이는 정보 글에서도 흥미를 찾는다. 가령 생물 다큐 책이나 청소년 과학 잡지처럼 흥미로운 주제부터 시작해도 좋다. "비 문학도 재미있을 수 있네?" 라고 느끼는 순간, 아이가 스스로 독해력을 키워 간다.

지금이라도 늦지 않았다면? 전략적으로 비 문학 글 읽기

어려서부터 비문학을 많이 접하면 좋겠지만, 이미 중·고등학생이 됐다면 '전략적 접근'이 필요하다. 부모가 다음 사항을 고려하면, 아이가 비문학을 효율적으로 읽으며 시험 대비를 강화할 수 있다.

주제별로 나눠 읽고, 핵심 정리하기

주제 분류

과학, 사회, 경제, 환경, 예술 등 시험에 자주 나오는 분야를 몇 가지로 나누고, 해당 분야 비문학 글을 한 편씩 골라 읽게 한다. 교과서 관련 기사나, 기출 지문과 유사한 소재의 청소년 도서·잡지도 좋다.

짧은 글부터 시작

한꺼번에 긴 글을 읽으려 하면 의욕만 앞서 포기할 위험이 크다. "한두 단락의 글을 찾아서, 한 문단을 한 줄 요약해 보자"라는 식으로 작게 접근한다.

핵심 문장 표시·요약

부모가 "이 글에서 가장 중요한 문장이 뭘까?"라고 물어보면 아이가 한두 줄 골라낸다. 그 뒤 "왜 그렇게 생각했어?"라고 물으면서 아이 스스로 글의 주제와 전개를 정리하게 만든다. 요약 습관이 들면, 지문 전체를 한눈에 보는 능력이 생긴다.

문단 중심 읽기 훈련

비문학은 한 문단에 하나의 중심 내용이 담기는 구조가 많다. 아이가 문단마다 "이 문단은 무슨 역할을 하지?"라고 자문하며 읽으면, 글 전개를 쉽게 파악한다. "첫 문단에서 문제 제기를 했으니, 둘째 문단에서는 해결 방안을 제시할 가능성이 커" 라며 미리 짐작해 보는 식이다.부모는 글을 다 읽은 뒤, "첫 문단에서 말하고 싶었던 요점이 뭐였을까?" "둘째 문단에서 예시가 등장했나?"라고 간단히 묻는다. 아이가 스스로 문단별 역할을 찾아보면, 시험장에서 순서 배열이나 삽입 문제를 만났을 때 "아, 이 문단은 예시를 들고 있구나" 라고 구별하는 힘이 생긴다.

문제 해결 방식 접근: 기출 지문 활용

이미 고등학생이라면, 기출 지문을 학습 자료로 비 문학을 구체적으로 익히는 방법이 효과적이다. 모의고사나 수능 기출문제를 지문 위주로 읽고, 문항은 잠시 뒤로 미뤄 둔다. 일단 글 자체를 비 문학 독해 자료처럼 꼼꼼히 분석한다. "왜 이 문장에서 다음 문장으로 이어지는지" "여기서는 왜 예시가 들어간 건지" 부모가 질문하거나, 아이가 직접 밑줄 긋고 정리한다. 그런 뒤에 문제를 풀고 해석을 확인하면, 아이가 "이 지문은 이렇게 이해하면 되겠구나" 라고 깊이 체득한다.

부모의 역할: 코치·질문자·피드백 제공

비 문학 글을 읽을 때 아이가 막히거나 집중을 못 하면, 부모는 답을 대신 제시하기보다 질문을 통해 아이를 유도해야 한다.

"이 문단에서 주어진 예시는 뭘 설명하려고 넣은 걸까?"

"앞 문단과 연결될 때, 접속사나 지시어가 어떻게 나오니?"

아이가 스스로 생각해 보도록 기다리고, 필요할 때 최소한의 힌트를 주는 식이다. "이 문장은 필자의 의견이네? 어떤 근거로 이런 결론을 말하는 것 같아?" 등 구체적 피드백도 좋다. 아이는 이런 대화를 반복하며 "비문학은 논리·예시·주장으로 구성된다"라는 공통 구조를 몸에 익힌다.

부모가 쉽게 실천하는 방법

가정 내 '비 문학 글 읽기' 시간 확보

딱딱한 글만 읽으라고 강요하면 아이가 흥미를 잃는다. 먼저 아이가 관심 가질 만한 주제(동물, 우주, 로봇 등)와 관련된 짧은 영문 칼럼이나 청소년용 과학 잡지 등을 찾아본다. 주 1~2회는 같이 앉아 10분간 읽고, 5분 정도 대화하는 방식을 권장한다.

포털 기사나 온라인 자료 활용

글이 꼭 책이어야 할 필요는 없다. 포털 사이트나 영어 학습 플랫폼 등에서 제공하는 짧은 비 문학 지문도 훌륭한 학습 자료이다. 아이가 하루 10~15분만 투자해 읽도록 해도, 꾸준히 이어 가면 큰 변화를 만든다.

부담 없는 질문

아이에게 "지금 이 글, 어떤 부분이 가장 신기했어?" "이 문단이 말하는 핵심은 뭐 같아?" 정도로 짧게 묻는다. 아이가 1~2문장으로 대답하면 "그렇구나. 생각 잘했네. 만약 이걸 시험 문제로 낸다면, 어떤 식으로 질문할 것 같아?" 까지 확장 해 본다.

비 문학 '독해 노트'

아이가 중학생 이상이라면, 비 문학 글을 읽을 때마다 핵심 문장이나 새로운 개념을 한두 줄로 요약해 보는 노트를 만들 수 있다. 영어 독해력 강화가 목적이므로, 영어 단어나 표현도 함께 정리하면 좋다. 부모는 매주 "어, 이 부분 새롭게 배웠나 보네? 어떤 내용이었어?"라고 묻고, 아이가 이건 이런 의미라고 설명하게 하면 복습 효과까지 얻게 된다.

비 문학 독해 습관이 입시 영어 고득점의 열쇠

시험에서 문학 지문이 어렵긴 해도, 대부분의 고난도 문제는 비 문학에서 나온다. 아이가 비 문학은 난해 하다고 두려워하는 이유는 단순히 어휘 문제만이 아니라, 논리 전개와 정보 처리에 익숙하지 않기 때문이다. 어릴 적부터 다양한 비 문학 글을 읽어 두면 낯선 주제를 접해도 당황하지 않고, 뒤 늦게 라도 전략적으로 비 문학 지문에 노출시키면 아이의 영어 독해력이 상승할 가능성이 크다.

부모의 역할은 '비 문학 독해'가 지루하거나 무의미한 훈련이 아니라, 아이의 지적 호기심과 시험 전략 모두를 충족시킬 수 있는 과정임을 알려 주는 것이다. 관심 분야 글부터 시작해, 요약·질문·메모 습관을 연계하면, 아이는 "내가 몰랐던 세계가 이렇게 많구나"라는 즐거움과 함께 시험에서 요구하는 고등 사고력을 기르게 된다. 그 결과, 영어 시험에서 긴 지문을 만나도 "그래, 비 문학 글은 이런 식으로 전개되지"라며 차분히 문제를 해결하는 여유를 갖출 수 있다.

학부모의 멘탈 관리와
심리적 지원

아이가 학습할 때 부모가 불안해하거나 조급 해하면, 그 감정이 고스란히 아이에게 전달된다. 반대로 부모가 차분하면서도 확신을 가지고 아이를 대하면, 아이는 학습 과정에서 보다 안정감을 느낀다. 이번 장에서는 부모의 조급함과 동기 부여 사이의 균형, 사춘기와 방황기에 대처하는 대화법, 그리고 부모가 흔들리지 않기 위한 세 가지 원칙을 살펴본다.

부모의 조급함 vs 동기 부여:
시험 기간 불안이 아이에게 미치는 영향

조급함이 아이에게 전해지는 메커니즘

시험 기간이 다가오면, 부모는 자연스럽게 "이제 정말 시간이 없어!" "이번 시험 잘 봐야 하는데!" 같은 생각이 든다. 문제는 이러한 조급함과 불안감이 행동과 말투에 그대로 드러날 때, 아이가 더 큰 압박을 받는다는 점이다. 부모가 아침부터 밤까지 "공부 안 해?" "그러다 성적 안 나오면 어쩌려고?" 라고 한다면, 아이는 "부모가 날 전혀 믿지 않는구나" 라고 생각 할 위험이 있다. 실제로 학습 동기는 부모가 아이를 신뢰하고 기다려 줄 때 더 강화된다. 부모가 초조한 태도를 자꾸 내보이면, 아이는 자신감 대신 "실패하면 안 된다"는 부담에 사로잡히기 쉽다.

동기 부여와 조급함의 구분

부모가 전혀 신경 쓰지 않는 태도도 문제이지만, 과도하게 밀어붙이면 역효과가 크다. 아이가 시험 직전에 특별히 집중해 공부해야 하는 건 맞지만, 그 과정을 이끌어 내는 말이나 태도는 "네가 가능성을 가지고 있어"라는 믿음에 기반해야 한다. "이번 시험이 중요하긴 해. 그런데 네가 지금까지 해 온 공부도 꽤 쌓여 있어? 이걸 잘 정리해 보고, 부족한 부분만 점검하면 충분히 할 수 있을 거야." 이렇게 이야기하면 아이는 "부모가 나를 믿고, 내 학습 과정을 응원하는구나"라고 느낀다. 반면 "이번 시험 망치면 어떻게 할 거니?" 같은 말은 불안감만 키운다.

시험 기간에 부모가 할 수 있는 현실적 조언

시간 관리 팁 제시

아이가 스스로 "남은 기간에 뭘, 어떻게 할지" 결정하도록 가볍게 돕는다. "며칠 남았으니, 그 안에 어떤 과목부터 끝내고 싶어?" 같은 질문으로 아이의 계획 수립을 유도한다.

심리 안정

부모가 "분명 부담이 클 텐데, 너무 힘들면 잠깐 쉬어도 돼. 그리고 다시 해 보자"라는 말을 한두 번이라도 해 주면 아이가 안도감을 얻는다.

실패 가능성도 인정

"시험 못 보더라도, 그 과정에서 배운 게 있을 거야. 이번엔 이런 전략 써 보자" 등, 무조건 높은 점수를 강요하지 않고 시도 자체를 인정한다.

결국 시험 기간에 부모가 보이는 태도는 아이의 마음가짐에 직접적인 영향을 준다. 조급함은 아이에게 "실패하면 안 된다"는 공포를 심지만, 건강한 동기 부여는 "좀 힘들어도 내가 해낼 수 있다"는 믿음을 갖게 만든다.

사춘기 대처 대화법: "나 못 하겠어" 라고 할 때 피해야 할 말

사춘기 아이가 "나 못 하겠어" 라고 할 때, 문제의 본질

사춘기에는 감정 기복이 크다. 시험공부나 학습이 뜻대로 되지 않으면, 아이는 "아, 난 역시 안돼'라며 쉽게 포기 선언을 하기도 한다. 여기서 부모가 어떤 반응을 보이는지에 따라, 아이가 방황에서 쉽게 빠져나오기도, 혹은 더 깊이 들어가 버리기도 한다.

반드시 피해야 할 말

"너 왜 이렇게 못하니. 언제까지 이럴 거야?"

아이가 자기 능력 전체를 부정당했다고 느낀다. 게다가 "언제까지"라는 표현은 아이에게 앞으로도 잘 못 할 것 이라는 예언처럼 들려, 더 큰 좌절을 준다.

"엄마(아빠) 때는 이 정도는 문제도 아니었어"

라(나) 때는 말야 같은 비교 발언은 사춘기에 특히 치명적이다. 아이는 "내가 부모보다 못하다"라는 열등감과 "부모는 내 상황을 전혀 이해 못 한다"라는 소외감을 동시에 느낀다.

효과적인 대화법: 공감 + 방향 제시

공감: "지금 많이 힘들지? 나라도 힘들 것 같아." 라고 먼저 인정해 주면, 아이는 "그래도 부모가 날 이해해 주는구나" 라고 안심한다.

방향 제시: "그래서 어떻게 해 볼까? 너 생각엔 어디서부터 다시 시작하면 좋을까?"라고 묻는다. 아이가 떠올리지 못하면, "혹시 이 부분부터 정리해 보면 어때?" 하고 작은 힌트를 준다.

실패 가능성도 허용: "완벽하게 못 해도 괜찮으니, 조금씩 다시 해 보자"라는 식의 여유로운 말이 아이에게 자율성을 부여한다. 그러면 "그래도 안 될 거야" 라고 말하던 아이가 한 발 나아갈 수 있다.

방황기의 핵심: 결국 태도가 답

사춘기 아이가 "나 못 하겠어" 라고 좌절하는 것은 단순히 성적 문제 뿐만 아니라 정서적 혼란이 함께 작용하기 때문이다. 부모가 "내가 항상 네 편이야. 너를 믿고 있으며, 다시 도전할 기회가 충분히 있다고 생각해" 라고 따뜻하게 전달하면, 아이는 점차 마음의 문을 열고 스스로를 돌아볼 의지를 갖게 된다. 지켜봐 주되, 전적으로 내버려두지 않는 것이 중요한 이유이다.

부모가 흔들리지 않기 위한 세 가지 원칙

부모 역시 인간이기에, 아이 학습이나 성적 문제로 인해 흔들릴 수 있다. 그러나 아이에게 안정감을 주려면, 부모가 최소한 세 가지 원칙은 잡고 있어야 한다. 이 원칙을 지키면 아이가 방황해도, 사소한 실패를 해도, "우리 집은 결국 다시 일어설 수 있다"라는 분위기가 생긴다.

첫 째 아이의 속도를 인정하기

아이마다 학습 능률이 다르다

성장 시점이나 뇌 발달 속도, 개인 흥미 등에 따라 어떤 아이는 특정 과목에서 갑자기 폭발적으로 성적이 오르기도 하고, 또 어떤 아이는 더디게 늘지만 꾸준히 향상하기도 한다.

부모가 속도를 강제하면 역효과

"다른 친구들은 다 끝냈다는데, 너는 왜 이렇게 느리니?"라고 비교하면, 아이는 오히려 기운이 빠진다. "너는 지금 네 속도대로, 하지만 조금씩 나아지고 있어" 라고 말해 주어야 아이 스스로 속도를 더 내보려는 동기를 얻게 된다.

둘째 자율성 vs 기본 규칙: 균형 잡기

자율성을 주되, 최소한의 규칙은 지킨다

아이에게 "너 하고 싶은 대로 해" 라고 완전히 자유를 주면, 때로는 방황이 깊어질 수 있다. 반면 부모가 모든 것을 통제하면, 아이는 "내가 무엇을 해도 소용없어" 라고 느낄 수 있다. 따라서 "자율 공부 시간을 정하되, 매일 최소 1시간은 의무적으로 책상에 앉기" 같은 식으로 기본적인 틀과 적절한 자유를 동시에 제공하는 것이 좋다.

규칙 위반 시 지적하는 방법

"어제는 네가 정한 1시간 공부를 안 했네. 어떻게 보완할 수 있을까?" 라고 물어본다. 아이가 스스로 보완책을 제시하면, "그래,

오늘은 1시간 30분 공부해 보자. 내가 옆에서 도와줄게" 라며 부드럽게 합의한다.

셋째 칭찬·격려: 매번 새롭게 시도하기

칭찬은 구체적·진솔하게

"잘했어" 대신 "네가 어제 어려워하던 문제, 결국 스스로 찾아서 해결했네. 대단하다" 처럼 구체적으로 말하면, 아이는 어떤 행동이 긍정적이었는지 명확히 알게 된다. "사실 엄마도 조금 걱정했는데, 네가 해낸 걸 보니 자랑스럽다"라는 식으로 솔직하게 표현하면 더 효과적이다.

격려 방식의 다양화

맨날 "잘했어"만 반복하면 금세 진부해질 수 있다. 때때로 "어제 네가 영어 듣기를 20분 이상 꾸준히 한 거 알아? 그거 정말 쉽지 않은 일이야. 네 모습을 보며 감탄 했어" 와 같이 구체적이고 새로운 칭찬을 해 주면. 아이는 부모가 자신의 노력을 세심하게 관찰하고 있다는 것을 자신감을 키워 나간다.

부모의 심리가 아이의 학습 마인드에 직결된다

　결국, 부모의 멘탈 관리와 심리적 지원은 아이가 학습에서 감정 기복을 덜 겪고, 실패나 사춘기 방황을 빠르게 회복하는 데 결정적이다. 시험 기간 조급함을 제어하고, 아이가 "안 될 것 같아"라고 말할 때도 공감과 작은 해결책을 제시하며, 무엇보다 아이의 속도와 자율성을 존중해 주는 태도는 학습 환경을 단단하게 만든다.

　부모가 흔들리지 않는 세 가지 원칙(아이의 속도 인정, 자율성 vs 규칙 균형, 구체적 칭찬·격려)을 지키면, 아이는 설령 과정에서 주저앉아도 "그래도 우리 부모님은 나를 믿어 주니, 나는 다시 일어서 보겠어"라고 마음먹게 된다. 이런 심리적 안정감이 쌓이면, 공부 뿐 아니라 삶의 여러 도전에 맞설 만한 내적인 힘이 자연스럽게 길러진다. 부모가 조급 해하지 않고, 때론 방황하는 아이를 기다려 주며, 적절한 힌트와 격려를 해 주는 자세가 결국 아이의 학습과 인생 전반에 가장 큰 선물이 된다.

사춘기, 폭풍 같은 시기를 건너는 아이들의 이야기

사춘기는 아이들에게 찾아오는 가장 거대한 변화의 시기다. 신체적으로는 급속한 성장과 호르몬 변화, 심리적으로는 불안정과 정체성 혼란, 사회적으로는 관계 맺기와 독립에 대한 갈등이 복합적으로 일어난다. 이 시기에는 어른들이 도무지 이해할 수 없을 것 같은 말투와 행동이 나타나지만, 이는 결국 '성숙'을 향한 아이들의 필수 과정이다. 혜정과 민수의 이야기는 이 사춘기의 소용돌이 속에서 어른들의 믿음과 기다림이 얼마나 큰 변화를 일으킬 수 있는지를 잘 보여준다.

혜정: 거친 태도 속에서 꽃 피운 믿음

혜정이가 초등학교 3학년에 처음 만났다. 귀엽고 상냥하던 혜정이가 초등학교 6학년이 되면서 행동은 이미 사춘기의 깊은 골짜기를 헤매고 있었다. 한여름에도 후드 티를 쓰고 고개를 푹 숙인 채 학원에 들어오곤

했고, 친구들과 거의 말을 섞지 않았다. 더불어 선생님이 질문하면 대답을 회피하거나 무심한 반응으로 일관했다. 때로는 욕설을 섞어가며 주변 사람들에게 상처를 주기도 했다.

솔직히 너무 지칠 때가 많았다. 어린 아이이지만 워낙 반항적이라, 감당하기가 힘들었다. 그러나 "이 아이를 여기서 놓아버리는 것은 너무 가혹하지 않을까?"라는 생각에 마음을 다잡고, 혜정이 안에 분명 존재할 '좋은 면'을 찾아보기 시작했다. 과거에 애니메이션 더빙 수업에서 재치 넘치는 캐릭터 연기를 멋지게 해냈던 기억이 떠오르면서, "지금의 혜정이와 그때의 혜정이가 같은 아이"라는 믿음을 잃지 않기로 했다.

차가운 지적 대신 따뜻한 칭찬과 격려로 대하자, 혜정의 태도도 놀랍도록 달라졌다. 처음엔 "집중 잘했네" 정도의 사소한 칭찬에도 시큰둥해 하던 그녀가 서서히 선생님과 눈을 마주치기 시작했고, 모자를 벗고 책상 앞에 앉는 시간이 길어졌다. 사소한 말투 변화까지 주의 깊게 살펴봐 주고, 작은 노력에도 칭찬을 아끼지 않았더니 어느새 혜정은 한결 부드러워진 표정으로 수업에 참여했다. 이 경험은, 아이가 사춘기라는 폭풍 속을 지난다고 해도 어른들의 믿음과 기다림이 강력한 변화의 촉매가 될 수 있음을 보여주었다.

민수: 타고난 재능 뒤에 숨은 고민

민수는 초등학교 5학년 때부터 중학교 단계의 어려운 문법도 순식간에 이해하고, 고난도 독해 지문도 쉽게 해석하는 영특한 아이였다. 학원 시험에서는 늘 상위권에 올랐고, 글씨체까지 깔끔해 선생님들의 칭찬이 끊이지 않았다. 누구나 인정하는 '영어 천재'였던 민수지만, 중학교 1학년이 되면서 갑자기 학습 태도가 뚝 떨어졌다.

단어 숙제를 귀찮아 하고, 충분히 할 수 있는 지문이지만 생각을 필요하는 본인이 어렵고 귀찮게 느껴지는 독해 지문들이 있는 교재는 "이 교재 힘들어요" 라며 손을 놓고 예민하게 반응했다. 수업 중에 엎드려 자거나 결석이 잦아졌다. 민수의 어머니는 " 영어 공부에서 손을 놓지만 않도록 붙들어 달라" 고 도움을 요청했다. 아이의 마음이 닫혀 있을 때는 부모나 선생님이 아무리 열심히 문을 두드려도 통하지 않는 순간들이 있다. 바로 이 때였다. 사춘기는 그토록 강력하고 예측 불가능하다.

민수에게 억지로 무언가를 시키기보다는, 편하게 학습할 수 있는 한 단계 쉬운 교재를 준비해 '문장의 구조 분석을 꼼꼼히 하는 식으로 수업을 재설계했다. 그냥 학원에서만 이라도 공부를 하게 해보자"라는 마음으로, 결석이 잦아도, 엎드려 자는 날이 많아도 최소한의 것을 하면 칭찬하고 진심을 담아 잔소리도 하면서 기다렸다. 분명 언젠간 아이 스스로 다시 일어설 때가 있으리라는 믿음을 버리지 않았다. 그리고 중학교 3학년이 되던 어느 날, 민수가 스스로 다가와 "샘, 저 이제 공부하려고

요" 라고 말했을 때, 오랜 기다림이 드디어 빛을 발했다. 재능만 뛰어났던 아이가, 이제 스스로 마음잡고 공부하는 아이로 돌아온 것이다.

사춘기를 건너는 아이들, 그리고 어른들의 기다림

혜정과 민수의 이야기는 사춘기가 얼마나 예측 불가능하고, 때로는 어른들을 지치게 만드는 시기인지 보여준다. 하지만 결국 이 시기가 아이들에게 필요한 것은 '비판'이 아니라 '무조건적인 지지와 믿음'이다.

심리학자 Dr. Lisa Damour는 사춘기 아이들이 스스로를 긍정적으로 바라보기 위해서는 어른의 따뜻한 시선과 기다림이 필수적이라고 강조한다. 혜정은 '단점'만 보이던 시선을 '장점 찾기'로 바꾸었을 때 마음을 열었고, 민수는 "네가 다시 마음잡을 때까지 기다릴게"라는 묵묵한 응원 덕분에 다시 자신을 찾아갈 수 있었다.

사춘기는 아이들도 힘들지만, 이를 지켜보는 어른들에게도 커다란 도전이다. 아이가 반항하고 예민하게 굴수록 어른은 조급해지기 쉽다. 그러나 혜정과 민수의 사례는, 어른의 인내와 사랑이 결국 아이의 내면을 움직인다는 사실을 다시금 상기시켜 준다. 어쩌면 '아무것도 하지 않는 것' 처럼 보이는 기다림 이야말로 사춘기 아이들이 스스로의 길을 찾을 수 있는 가장 큰 버팀목이다. 아이들은 각자의 타이밍에 맞춰서 성장하며, 그 순간이 오면 스스로 결심하고 앞으로 나아가려 한다. 사춘기라는 거대한 파도 위를 건너는 동안, 우리의 역할은 그들을 믿고 묵묵히 곁을 지키는 것이다.

결국 아이들은 폭풍 속에서도 길을 찾아가고, 어른의 믿음은 사춘기의 어둠을 밝히는 등대가 될 수 있다. 혜정과 민수처럼, 사춘기를 통과한 아이들은 어느새 더 크고 단단해 진 모습으로 부모와 선생님들의 기대에 멋지게 답해줄 것이다.

Part 7

내 아이를 위한
교육 가이드

학원 선택부터 디지털 학습, 스트레스 관리까지

22년차 학원장이 알려주는 **입시 영어 로드맵**

학원 선택, 유명세보다 '아이에게 맞는지'가 더 중요하다

좋은 학원 고르는 일은 결코 간단하지 않다. 유명하다는 이유만으로 선택했다가, 막상 아이가 학습 의욕을 잃거나 부적응을 겪으면 부모는 다시 고민에 빠지게 된다. 현실적으로, 학교 수업에서 모두 충족하기 어려운 부분을 학원에서 보충하고자 하는 학부모가 많다. 그렇다면 어떻게 해야 학원을 "우리 아이에게 가장 적합한 곳" 으로 선택할 수 있을까? 결국 핵심은 학원이라는 공간이 아이가 흥미를 붙이고, 단계적으로 성장하도록 이끌어 주는 역할을 제대로 해내는지에 달려 있다.

첫째, 우리 아이와 호흡이 맞는 원장과 강사가 있어야 한다. 아무리 대형 학원이더라도, 아이가 선생님의 말투나 수업 방식을 따라가기 힘들다면 의미가 없다. 교사와 학생 사이에 긍정적인 상호작용이 있어야, 아이는 즐겁게 참여하고 질문을 하며 학습을 이어 갈 수 있다. 반대로 아무리 강사의 실력이 뛰어나도, 소통에 어려움을 느끼면 아이의 흥미가 반감된다. 상담 시 강사가 학생을 얼마나 이해하고 개별 특성을 반영해 줄 수 있는지, 그리고 격려와 지도가 적절한지를 살펴보는 것이 중요하다.

둘째, 학생 맞춤형 커리큘럼을 제공하는지 확인해야 한다. 모든 아이의 학습 속도와 배경지식, 흥미도는 제 각각이다. 어떤 아이는 독해력이 뛰어난 대신 문법에 약할 수 있고, 또 다른 아이는 단어 암기에는 강하지만 듣기를 힘들어할 수도 있다. 좋은 학원은 아이의 강·약점을 미리 파악해, 그에 맞춰 학습 로드맵을 짜 준다. 특히 학원에서는 학교에서 부족했던 개념을 채워 주고, 필요하다면 한 단계 높은 콘텐츠도 제공해야 한다. 이렇게 개인화된 커리큘럼이 가능한 학원이라면, 아이가 학원 수업을 듣는 것이 더 이상 '의무'가 아니라 '성장'의 기회로 받아들여진다.

셋째, 학습 구조를 어떻게 운영하는지 살펴봐야 한다. 대형 학원은 주로 1:다 강의식 수업을 진행하고, 소수 정예 학원이나 개인 교습형 학원에서는 1:1 코칭 수업이 이루어진다. 또 어떤 학원은 그룹 강의와 코칭을 혼합하기도 한다. 모든 방식에는 장단점이 있다. 1:다 강의는 질 높은 강사의 수업을 여러 학생이 함께 듣기 때문에 분위기가 활기차고 비용이 상대적으로 저렴하지만, 개별화된 피드백은 부족할 수 있다. 1:1 코칭은 맞춤형 학습이 가능하나, 비용이나 시간 투자가 많이 들고 수업 환경이 아이에게 맞지 않으면 역효과가 날 수도 있다. 중요한 건 "우리 아이가 어떤 학습 분위기를 좋아하고, 어느 정도 개별 지도가 필요한가"를 먼저 파악하고 난 뒤, 이에 적합한 수업 구조를 고르는 것이다.

넷째, 학원의 규모보다 교육 철학과 운영 방식을 본다. 큰 학원이라고 무조건 좋지 않고, 작은 학원이라고 해서 무조건 세심한 것은 아니다. 다만, 교육 철학을 진솔하게 밝히고, 실제로 그 철학대로 운영되는지 눈여겨볼 필요가 있다. 상담 시 "이 학원은 아이들의 주도적 학습을 강조한다"라고 말하면서 실제로는 단순 문제풀이만 시키거나, 기계적으로 문법 강의만 한다면 실망할 수 있다. 반대로 규모는 작아도 꼼꼼하게 학생 개개인을 신경 쓰고, 학습 태도부터 성적 변화까지 섬세하게 관리해 준다면 더 큰 성과를 기대할 수 있다.

다섯째, 상담 과정에서 구체적인 질문을 많이 해 본다. 교육 목표가 무엇인지, 학원에서 아이의 수준을 어떻게 파악하고 반을 배정하는지, 숙제와 복습 관리는 어떻게 이루어지는지 묻고 답변을 비교해 보면 된다. 어떤 학원은 내신 대비에 특화되어 있고, 또 다른 학원은 듣기·말하기 같은 실용 영어를 중시할 수도 있다. 부모가 "우리 아이는 내신 점수를 빠르게 끌어올려야 한다"라는 목적을 분명히 하면서, 학원에서 "중간·기말고사 대비를 어떻게 진행하는지" 등을 점검해 보는 것이 필요하다. 아울러 시험 기간에만 급하게 가르치는 곳보다는, 평상시부터 꾸준히 내신 범위를 커버해 주고 필요한 경우 선행·심화를 섞어 주는 곳이 유리하다.

여섯째, "학생 관리"가 실제로 어떻게 이뤄지는지 구체적으로 확인한다. 출석 체크나 성적표 제공 같은 기본 관리에서 더 나아가, 아이가 어려워하는 부분을 선생님이 어떻게 해결해 주는지, 결석이나 지각 시 대체 수업이 있는지 등 세부 시스템이 잘 갖춰져 있어야 한다. 이런 관리가 잘되는 학원은 중도에 학습 흥미가 떨어진 아이도 다시 일으켜 세우기 쉽다. 아이가 슬럼프를 겪을 때 "무슨 문제가 있어 보이니, 이 부분은 이렇게 개선하자"라고 제안하고, 부모에게도 학습 상황을 주기적으로 알려 준다면 아이가 단계를 건너뛰지 않고 성실히 따라갈 가능성이 커진다.

마지막으로, "학원을 보내야 할 이유"가 분명해야 한다. 요즘 부모들은 과잉 사교육이 좋지 않다는 것도 알고, 그렇다고 학교 수업만으로는 부족함을 느끼기도 한다. 학원이 학교에서 채워 주지 못하는 부분을 해결해 줄 수 있다면, 아이가 학원에 가서라도 이 부분을 제대로 배우고 싶다고 생각하게 된다. 즉, 학원은 단순히 성적을 끌어올리는 곳에 그치지 않고, 아이가 흥미를 다시 붙잡거나, 영어 실력의 기반을 다지는 경험을 제공해야 한다. 그렇다면 학원을 다니는 시간이 분명 의미가 있고, 아이가 학습 과정에서 성취감을 얻어 "더 잘해 보고 싶다"라는 동기를 지속할 수 있다.

이처럼 학원 선택은 아이의 학습 성향, 목표, 학원 운영 철학 등을 종합적으로 고려해야 한다. 명성이나 주변의 평판만으로 결정하지 말고, 상담 시 핵심 질문들을 구체적으로 던져 보는 것이 좋다. 원장의 교육 철학, 커리큘럼 구성, 강사의 역량과 소통 방식, 과제와 복습 체계, 시험 대비 전략 등 하나하나를 물어보고 아이에게 맞는지 평가해 보자. 모든 기준을 만족하는 완벽한 학원을 찾기는 쉽지 않고 어쩌면 없을 수도 있다. "우리 아이가 즐겁게 배우고 꾸준히 성장할 수 있는 곳"이라면, 그곳이 바로 진짜 좋은 학원이다. 그리고 그 학원을 통해 아이가 학교 수업의 부족함을 메우고, 장기적인 목표에 도달하도록 함께 돕는 길이, 지금의 교육 환경에서 가장 현실적인 선택이 될 것이다.

AI와
디지털 학습 도구

최근 인공지능(AI)과 디지털 학습 도구의 발전이 눈부시다. 학교 현장에서도 AI 기반 프로그램과 온라인 플랫폼을 적극 도입하기 시작했다. 예전이라면 교실에서 교과서와 칠판만 사용하던 수업이 이제는 스마트 기기를 연결해 실시간 퀴즈를 풀거나, AI 챗봇을 활용한 글쓰기 피드백을 제공하는 방식으로 변하고 있다. 이러한 변화는 중·고등학생들이 입시 영어를 비롯한 여러 과목을 공부하는 데 있어서도 새로운 가능성을 열어 준다.

한편, 학부모들 사이에는 "스마트폰이나 컴퓨터로 게임만 하려는 건 아닐까?"라는 우려가 여전히 크다. 특히 "엄마들이 보기엔 아이가 화면 앞에만 있으면 게임에 빠지지 않을까?"라는 부정적 시선이 생기기 쉽다. 그러나 디지털 학습 도구는 이미 교육계에서 거스를 수 없는 대세로 자리 잡고 있고, 이를 무조건 부정하기보다는 현명하게 활용하는 태도가 필요하다. 아래에서는 AI와 디지털 학습 도구들이 어떻게 입시 영어 학습을 도울 수 있는지, 그리고 사용 시 유의할 점은 무엇인지 간략히 정리해 본다.

AI·디지털 학습 도구가 주목받는 이유

우선, 인공지능이 학습자 개개인의 수준과 성향을 파악하고, 부족한 부분을 피드백해 주는 시대가 열렸다는 사실을 생각해 보자. 문제은행식 반복이 아니라, 학생의 답변이나 작문을 분석해 실시간으로 개선점을 제시하는 프로세스가 가능하다. 예컨대 중학생이라면 기초 문법·어휘 영역을 집중 케어 해 주고, 고등학생이라면 수능 빈칸 추론이나 순서 배열 같은 문제 유형에 맞춰 해설을 제공하는 식이다.

또한 이러한 AI 플랫폼들은 영어 학습의 가장 어려운 부분인 "지속적 동기 부여"를 어느 정도 해결해 준다. 게임형 보상 시스템이나 인터랙티브 퀴즈를 도입해, 매일 짧은 시간을 투자하더라도 재미를 잃지 않고 학습 습관을 유지할 수 있게 돕는 것이다. 예전에는 단어장을 펼쳐 놓고 외우다가 금세 지쳐 버리는 경우가 많았지만,

이제는 스마트폰을 통해 앱에 접속해 목표 분량을 수행하고, 즉각적인 점수를 확인하거나 맞춤형 문제를 추가로 받을 수도 있다.

물론 AI가 만능 해결책은 아니다. 입시 영어에는 기출문제 풀이와 실제 수능·내신 형식에 대한 이해가 여전히 필수적이다. 그렇지만 AI와 디지털 학습 도구들을 적절히 활용하면, 학교 수업이나 학원에서 채워 주지 못하는 '개인 맞춤형 반복 훈련'을 손쉽게 보완할 수 있다. 아래 소개하는 몇몇 대표적인 툴들은, 중·고등학생들이 영어 실력을 빠르게 끌어올리는 데 유용하다는 평가를 받는다.

1. ChatGPT

활용법

작문 교정: "학교 폭력 방지"나 "환경 보호" 등 수능형 토론 주제를 놓고 영어로 짧은 글을 써 본 뒤, ChatGPT에 교정을 요청한다. 교정된 문장과 비교하며 어휘·문법 오류가 왜 발생했는지 스스로 파악하는 과정을 거치면, 작문 실력이 한층 향상된다.

질의응답: 독해 지문을 풀고 난 뒤, 막힌 문장 구조나 난해한 구문을 ChatGPT에 질문해 본다. 간단한 해설을 제공받고, 문제 풀이 과정을 다시 점검해 볼 수 있다.

어휘 확장: 특정 단어를 입력하면 유의어·반의어·예문을 다양하게

안내받아, 여러 각도에서 의미를 정리할 수 있다.

스피킹 연습: 원하는 주제로 질문·답변을 주고받으며 가상의 회화를 시도해 볼 수 있다. 음성 입력이나 TTS(Text-to-Speech) 기능을 지원하는 앱(또는 브라우저 확장 프로그램)을 통해, 실제 대화에 가까운 형태로 연습할 수도 있다.

리스닝 훈련: ChatGPT에 "이런 문장을 읽어 달라"라고 요청하거나, 답변을 TTS 기능(앱 혹은 외부 툴)으로 전환하여 듣기 연습을 할 수 있다. 예를 들어, ChatGPT가 생성한 대본·문장을 TTS로 재생하면, 한 문장을 여러 번 반복해 들으며 특정 어휘나 발음, 음성 흐름을 파악하는 식으로 청취력을 기를 수 있다.

모바일 앱 활용: 스마트폰에 설치된 관련 애플리케이션을 사용하면 집이나 이동 중에도 편리하게 질문·답변을 주고받을 수 있다. 음성 입출력 기능이 가능한 앱이면, 말하기·듣기 연습을 좀 더 실감 나게 진행할 수 있다.

장점

실시간 피드백: 간단한 작문 오류 정도는 즉석에서 교정해 주어, 빠른 수정과 학습이 가능하다.

풍부한 예시 제공: 한 단어·표현에 대해 다양한 예문을 제시해 주므로, 자기 주도형 학습에 도움이 된다.

검색 기능 대체: 배경지식이나 모호한 개념을 빠르게 물어볼 수 있

어, 용어 정리나 추가 설명이 필요할 때 시간 절약이 된다.

언제 어디서나 활용: 모바일 앱으로 이동 중에도 쉽게 접속해 질문을 던지고 답변을 받을 수 있다.

멀티 스킬 학습: 쓰기·읽기뿐 아니라, 음성 출력(TTS)으로 듣기 훈련을 하고, 문자 기반 대화로 말하기 흐름을 익히는 등 다각도의 학습이 가능하다.

주의사항

정답이 항상 완벽한 것은 아님: AI가 제시하는 답변에 오류가 있을 수 있으므로, 결과를 무조건 맹신하기보다는 기출 풀이나 교재 해설로 최종 확인이 필요하다.

학습 전 과정을 대체하지 말 것: 답변을 그대로 베끼면 실제 시험장에서 사고력과 응용 능력을 발휘하기 어렵다. ChatGPT는 어디까지나 보조 수단으로 쓰되, 문제 해결 과정은 스스로 고민하고 복습해야 한다.

음성 연습의 한계: 문자 기반 시나리오라 실제 회화 속도나 뉘앙스가 부족할 수 있으니, 원어민 또는 스터디 파트너와의 대면·화상 대화도 함께 병행하는 편이 좋다.

과도한 의존 금지: 편의성이 높아 쉽게 의존하게 되지만, 반복·숙달 과정이 부족해질 수 있다는 점을 유의해야 한다. 적절한 균형을 유지하면서 사용하는 것이 핵심이다.

2. 듀오링고(Duolingo)

활용법

짧은 데일리 학습 루틴: 하루 10분 정도만 투자해도, 기본 문장·어휘·구문을 재미있게 반복한다. 캐릭터·게임 요소가 있어 지루하지 않다.

등하교 중 활용: 단문 위주로 구성되어 집중 시간 없이도 자투리 학습이 가능해, 방과 후 시간이 부족한 중·고생에게 적합하다.

장점

게임형 보상 시스템: 매 단계 클리어 시 포인트와 레벨이 올라가, 영어가 약한 학생도 성취감을 느낀다.

반복 훈련 최적화: 틀린 문제나 약점이 있으면 그 파트를 우선적으로 다시 내주어, 자동 복습 효과가 있다.

사용 편의성: 모바일·웹 모두 지원하며 UI가 직관적이다.

주의사항

수능 수준에는 한계: 장기적으로는 중 고급 문법·독해 훈련이 필요하므로, 보조 학습 용도로 사용하는 편이 좋다.

학습 목표 설정: 회화나 초급 문장에 치중된 점을 감안해, 내신·수능에 직접 연결할 학습 계획을 병행해야 한다.

3. 퀴즐렛(Quizlet)

활용법

어휘·숙어 플래시카드 만들기: 내신·수능 단어를 직접 카드 형식으로 만들어, 빈칸 맞히기·스펠링 퀴즈 등으로 반복 학습한다.

그룹 스터디: 친구들과 같은 세트를 공유하고, 서로 결과를 확인하면서 경쟁·협력할 수 있어 학습 동기가 커진다.

테스트 모드 이용: 카드 세트를 만들어 두면 자동으로 시험지 형태의 문제를 생성해 주어, 빠른 시간 안에 복습이 가능하다.

장점

사용자 제작 콘텐츠: 수능·내신 영어 등 주제별 카드 세트를 손쉽게 만든 뒤 공개·공유가 가능하다.

반복 학습에 최적화: 자동으로 오답 위주의 복습을 시켜 주므로, 암기 위주 과목에 유리하다.

휴대성: 스마트폰 앱으로 간편하게 이용 가능해, 이동 중에도 단어 암기에 집중할 수 있다.

주의사항

과도한 정보 의존: 남이 만든 세트를 무작정 다운로드하는 것보다, 직접 만들고 편집하는 과정에서 효과가 극대화된다.

다른 영역 병행 필요: 어휘만 반복한다고 독해·듣기 성적이 바로 오르진 않으므로, 문장 해석과 문제 풀이도 함께 해야 한다.

4. 딥엘(DeepL)

활용법

빠른 문장 번역 확인: 영어 지문 번역이 막힐 때, 딥엘을 통해 초벌 번역을 확인한다. 문맥이해가 어려운 부분을 짚어 볼 수 있다.

에세이·작문 검토: 작성한 영어 문장을 한국어로 역번역해 보고, 의도가 제대로 전달되는지 비교한다.

장점

높은 정확도: 영미권·유럽 언어 지원이 뛰어나, 구글 번역보다 자연스럽고 정확하다는 평이 많다.

작문 아이디어: 번역 비교를 통해 문장 구조나 표현을 색다르게 접할 수 있어, 영어식 사고에 도움이 된다.

주의사항

1:1 대응 불가: 수능형 지문에는 문학적 표현이나 복잡한 문법이 있을 수 있어, 기계 번역만 믿으면 뜻이 어색해질 위험이 있다.

습득 과정 약화: 번역기에만 의존하면 문장 분석력과 작문 실력이 떨어질 수 있으므로, 최종 점검용으로 활용하는 편이 낫다.

AI·디지털 도구 활용 시 주의할 점

무턱대고 의존하지 말 것

어떤 AI 도구든, 최종 해석이나 작문 결과를 맹신하면 안 된다. ChatGPT 같은 챗봇은 때때로 근거 없는 내용을 사실처럼 제시하기도 하고, 번역기는 미묘한 뉘앙스를 놓칠 수도 있다.

학습 목표와 도구 특성을 연결할 것

예컨대 어휘 암기가 시급하다면 Quizlet 같은 카드 툴을, 발음 교정을 원한다면 스픽 같은 회화 도구를 고르는 식으로, 약점과 도구를 매칭하는 전략이 좋다. 무조건 좋은 도구라서 쓰는 게 아니라, "우리 아이가 지금 해결해야 할 과제"에 초점을 맞춰야 한다.

적절한 학습량과 주기가 필요

아무리 뛰어난 AI 플랫폼이라도, 하루아침에 영어 성적을 올려 주지 않는다.매, 하루 10-20분 정도 꾸준히 반복하면, 한 달 뒤에 확실히 늘어 있는 자신을 발견할 수 있다.

실전 대비 병행

AI 도구는 영어 실력을 높이는 데 분명한 보조 역할을 하지만, 결국 수능이나 내신에서는 주어진 시간 안에 지문을 읽고 문제를 푸는 훈련이 중요하다. AI를 통해 발음·작문·어휘를 강화하되, 정작 시험 직전에는 실전 모의고사를 충분히 반복해 보는 식의 밸런스가 필요하다.

AI·디지털 툴과 입시 영어의 시너지

입시 영어를 잘하려면, 결국 어휘량·독해 속도·문법 정확도·리스닝 능력이 조화를 이뤄야 한다. 이 과정에서 AI와 디지털 학습 도구들은 집이나 학원 수업 사이에 부족한 부분을 세밀하게 보강해 주고, 학습 동기까지 지속시켜 주는 강력한 보조 엔진이 된다. 예전에는 "학원 문제집 + 인강"만이 정답처럼 여겨졌지만, 이제는 AI 번역기로 번역 훈련을 하거나, 챗봇에게 작문 피드백을 받고, 게임형 어휘 앱으로 단어를 반복 학습하는 등 다양한 자율 학습 경로가 열려 있다.

학부모 입장에서는 반드시 기억해야 할 점이 있다. 어떤 AI 도구가 우리 아이와 '최적의 궁합'을 이룰지 미리 알기는 어렵다. 직접 몇 가지 시도하고, 아이의 학습 태도나 성취 변화를 관찰하여, 맞지 않으면 과감히 바꾸거나 보완하는 태도가 중요하다. 그래야 도구의 장점을 최대치로 누리며, 학교 내신과 수능 영어 모두를 놓치지 않고 대비할 수 있다.

결국 이 모든 과정은 영어 실력을 키우는 데 있어 "반복과 확장"이 필수적이라는 진리를 확인시켜 준다. AI가 제공하는 예문이나 교정 사항을 반복 학습하고, 교재 지문을 확장해서 공부하며, 기출 문제 풀이도 연계해 나가는 방식이다. 그렇게 학습 루틴이 완성되면, 아이는 단순히 시험 점수를 올리는 것을 넘어, "영어를 분석하고 활용하는 힘"을 몸에 익히게 된다. 그리고 그 힘 이야말로 입시 영어를 넘어, 대학 이후에도 풍부한 학문·진로 기회를 열어 줄 가장 귀중한 자산이 될 것이다.

학습 스트레스,
이렇게 실전에서 대처하자

입시 영어 공부는 단순한 지식 습득을 넘어, 매일 일정한 학습량과 시험 압박을 견뎌야 하는 마라톤 같은 과정이다. 예측할 수 없는 시험 결과, 부족한 학습 시간, 주변의 기대 등이 복합적으로 작용해 학습자와 부모 모두에게 스트레스를 유발한다. 그러나 스트레스에 대한 적절한 대처 전략과 심리학·교육학적 지식을 결합하면, 이 부담감을 효과적으로 줄이고 학습 효율을 높일 수 있다. 여기서는 학생과 부모 각각의 관점에서, 보다 전문적인 근거를 토대로 실천 가능한 해결책을 제시한다.

1. 학생을 위한 스트레스 대처법

(1) 작은 목표부터 실천해 자기 효능감(Self-Efficacy) 강화하기

심리학자 앨버트 반두라(Albert Bandura)가 제시한 자기 효능감 이론에 따르면, 개인이 '스스로 과제를 수행할 수 있다'고 믿을 때 스트레스 수준이 낮아지고 성과가 향상된다.

실천 방안

단계적 목표 설정: 매일 성취 가능한 목표(achievable goal:새 어휘 10개를 완벽히 정리하기)를 설정한다.

즉각적인 피드백: 목표를 달성할 때마다 간단한 보상을 주거나, 본인이 이룬 성취를 기록하는 '성취 일지'를 써서 "이 정도 할 수 있구나"라고 자각한다.

반복 성공 경험 축적: 작은 목표들을 꾸준히 달성하면, 학습자가 "조금씩 해낼 수 있다"는 긍정적 확신을 갖게 되어 스트레스가 줄어든다.

(2) 학습·휴식 주기를 과학적으로 설계하기

뇌과학 연구에 따르면(예: 포모도로 기법, 집중과 이완 이론), 사람의 집중력은 제한된 시간 후 급격히 저하된다. 적절히 '공부→짧은 휴식→다시 공부'로 이어 가면 학습 효율이 극대화된다.

포모도로 기법 적용: 25분간 집중 후 5분간 휴식. 이때 휴식 중 가벼운 스트레칭·걷기·음료 섭취 등 뇌 회복 활동을 수행한다.

멀티태스킹 최소화: 집중 시간이면 스마트폰·SNS 알림을 끄고, 한 가지 과목에만 몰입한다.

휴식 계획 구체화: '단순한 쉬기'가 아니라, 짧은 명상, 이완 호흡, 가벼운 신체 활동 등 뇌 피로를 줄이는 활동을 계획해 둔다.

(3) 인지 왜곡(Cognitive Distortion) 줄이기: 긍정적 자기 대화 습관

인지행동치료(CBT) 관점에서, "시험 못 보면 인생 끝이야" "이번 시험 망할 거 같아" 같은 부정적 사고 패턴(인지 왜곡)은 스트레스 반응을 가중한다.

생각 기록하기: "이런 독해 지문도 이해를 못 하다니, 난 참 바보 같아" 같은 부정적 생각이 떠오를 때, 그 내용을 구체적으로 메

모한다.

사실 검증: "정말로 한 지문을 제대로 이해 못 한 것이 그렇게 큰 문제야?" 같이 스스로 반증(反證) 질문을 던져 본다.

긍정적 각인(Power Statement): "오늘 힘들긴 했지만, 어휘는 제법 외웠다"처럼 긍정적인 문구를 의식적으로 말하거나 적어 두고 반복한다.

(4) 사회적 지지(Social Support) 활용하기

교육학 연구(코헨 & 윌스, 1985 등)에 따르면, 사람은 어려운 상황에서 주변의 지지를 받을 때 스트레스 대처 효능감이 크게 높아진다. 학습에서도 마찬가지로, 친구나 선생님·학원 멘토 등 주변 자원에서 도움을 받으면 스트레스를 완화할 수 있다.

실천 방안

스터디 파트너 혹은 소그룹 활동: 어려운 문제나 과목별 팁을 공유하고, 함께 주간 목표를 체크한다.

온라인 커뮤니티·학습 앱: 필요할 때 특정 문제에 대한 해설 영상을 찾아보거나, Q&A 게시판을 통해 신속히 답변을 얻는다.

멘토·선배 연결: 이미 수능을 경험한 선배나 전문가의 조언으로 막막함을 줄이고, 현실적인 공부 전략을 얻는다.

2. 부모 스트레스 관리 매뉴얼:
"내 마음부터 돌봐야 아이도 편안해진다"

학부모로서 자녀의 학습을 돌보다 보면, 예상치 못한 부담과 긴장이 쌓이기 마련이다. 특히 입시 영어처럼 경쟁이 치열한 분야일수록, 부모 스스로 "내가 잘해야 한다"는 압박을 크게 느낀다. 하지만 스트레스를 방치하면 대화가 삐걱거리거나 아이를 과하게 몰아붙이는 상황이 발생해, 오히려 역효과를 낳을 수 있다. 여기서는 학부모 자신이 체계적으로 스트레스를 관리하고, 보다 건강한 마음으로 아이를 지원할 수 있는 방법을 구체적으로 살펴본다.

(1) 나의 스트레스 레벨 파악하기

"내가 얼마나 힘든 상태인지 아는 것부터 시작"

간단한 자가 체크

최근 1주일 동안 피로감이나 짜증이 얼마나 잦았는지 기록해 본다. 예컨대 "아이와 학습 대화를 할 때 목소리가 자주 올라가는지", "하루 중 마음이 무거워지는 시간이 있는지" 등을 체크하며 스스로의 스트레스 지표를 살핀다.

주요 스트레스 트리거 찾기

"어느 상황에서 특히 힘들어지는가?"를 곰곰이 떠올려 본다. 예를 들어, 단어 암기를 봐줄 때마다 부모-자녀 간 갈등이 생긴다면, 그 과정이 가장 큰 부담 요인일 수 있다. 원인을 정확히 파악해야 해결책도 명확해진다.

Tip: 스트레스가 심각하다고 판단되면, 당장 자녀 학습보다 부모 자신의 휴식·정신적 회복을 우선순위에 두어야 한다. 그렇지 않으면 장기적으로 학습 지원이 불가능해질 수 있다.

(2) 부모 본인 스트레스 관리: 에너지 '리차징' 필수

부모의 정서적 안정은 아이에게 직접적인 영향을 미친다(가정 심리학 연구). 부모가 이미 지쳐 있으면 비자발적 언행으로 아이를 과하게 압박해, 갈등을 키우기 쉽다. 따라서 부모 자신이 스스로 에너지를 재충전하는 방법을 마련해야 한다.

하루 30분 리셋 타임

운동, 책 읽기, 명상 등으로 긴장을 완화하는 시간이다. 이때만큼은 학습 스케줄, 가사·업무 등 모든 걱정을 내려놓고, 오롯이 '나'를 위해 사용하는 것이 포인트다.

'디지털 디톡스(Digital Detox)'

부모가 스스로 스마트폰·SNS·뉴스·메신저 등을 주기적으로 꺼
둔다. 하루 10~20분이라도 '디지털 소음'에서 벗어나면 머리가
맑아지고, 감정 소모가 줄어든다.

부모 간 정보 공유

주변 학부모나 전문가들과 교류해 스트레스 원인과 해결 방안을
나눈다. 같은 문제를 겪고 있는 사람이 많다는 걸 깨닫는 것만으
로도 부담이 줄어든다. 학부모 커뮤니티나 SNS 그룹에서 정보를
교환하는 것도 도움이 된다.

(3) '나만의 리듬' 만들기: 작은 일상 속 멈춤과 재정비

짧은 리셋 타임 가지기

하루 30분 정도는 무조건 "나를 위한 시간"으로 설정해 둔다. 가
벼운 운동이나 반신욕, 명상, 음악 듣기 등으로 잠시 뇌를 비워
준다. 이 시간만큼은 아이 학습이나 가사·업무 걱정을 완전히 내
려놓고, 오직 부모 자신에게 집중한다.

취미·소소한 즐거움 되살리기

"아이 학습 때문에 내가 좋아하던 걸 다 포기했어…"라는 마음이

누적되면 쉽게 번아웃에 빠진다. 하루 10~20분만이라도 과거 취미(독서, 뜨개질, 정원 가꾸기 등)를 즐기며 "내가 좋아하는 걸 하고 있구나"라는 만족감을 되찾는다.

Tip: '시간 나면 쉬어야지' 라고 생각하면 결국 아무것도 못 하고 하루를 마감하기 십상이다. 스케줄에 "○시~○시: 내 휴식"을 아예 써 두면, 의식적으로 라도 지키게 되어 스트레스 완화에 큰 도움이 된다.

(4) 대화 방식 재점검:

"내가 이렇게까지 몰아붙이고 있었나?"

비난·비교 표현 최소화

"너는 왜 이 모양이니?" "옆집 아이는 벌써 다 했다는데?" 같은 말은 부모도 죄책감을 느끼고 아이도 위축시킨다. 의식적으로 '비교'나 '비난'이 섞인 말을 줄이고, "조금씩 발전하네, 이제는 이렇게 시도해 볼까?"처럼 긍정적이고 구체적인 제안을 강조한다.

'I-메시지' 활용

"너는 왜 안 해?"가 아니라, "나는 네가 약속한 시간을 지켜 주면 훨씬 마음이 편해"처럼 부모 자신의 감정을 설명한다. 아이가

"부모도 힘들어하는구나"를 깨닫고, 일방적 지시에 대한 반감도 줄어든다.

Tip: 평소 습관처럼 나오는 말투가 쉽게 바뀌지 않는다. "(비교·비난 말고) 구체적으로 필요한 부분만 부탁하기" 같은 문구를 메모해 두고 수시로 떠올리는 것도 효과적이다.

(5) 지나친 책임감 내려놓기:

"혼자 다 해결하려 하지 않기"

학습 전문가·자원 활용

부모가 교재 선택, 시험 대비 전략, 학습 일정 관리까지 전부 떠안으면 쉽게 번아웃에 도달한다. 학원 선생님이나 교과 담당 교사, 온라인 학습 코치 등과 주기적으로 소통해 정보를 공유하면, 부모의 부담이 상당 부분 줄어든다.

또래 스터디·동기 부여 활용

아이가 친구나 학원 동료와 스터디 그룹을 만들어 학습 정보를 교환하면, 부모의 피드백 부담이 훨씬 감소한다. 아이끼리 서로 묻고 답하며 성취감을 느끼도록 만들면, 부모가 "내가 모든 걸

끌어가야 해"라는 압박에서 자유로워진다.

Tip: 아이가 자기주도 학습을 점차 익히도록 조성하는 것이 결국 부모 스트레스를 줄이는 핵심이다. 독립심이 생긴 아이는 작은 일에 일일이 부모를 찾지 않으므로, 가족 전체가 편안해 진다.

(6) '급할 때 SOS': 단기 휴식·외부 상담

단기 휴식 선언

갈등이 잦아지거나 부모가 극도로 지쳤다면, 며칠간 "학습 지원 일시 중단"을 선언하고 부모 스스로 숨 돌릴 시간을 가져 본다. 이 기간에는 "지금은 잠시 쉬고, 조금 뒤에 다시 힘을 합쳐 보자"라고 아이에게도 설명해 준다. 서로의 감정을 정리할 기회를 부여하면, 스트레스가 눈에 띄게 해소되기도 한다.

전문 상담 도움

"내가 문제인 것인가?"라며 혼자 고민하지 말고, 가족 심리상담이나 교육청·시·군구 상담 서비스를 활용한다. 제3자의 객관적 조언으로 상황을 재점검하면, 부모 스스로 느끼는 압박감이 많이 해소된다.

Tip: 입시 영어는 단기간에 끝나지 않는 장기전이다. 지금 쌓인 스트레스를 방치하면, 오래 버티지 못하고 중도에 지쳐 버릴 위험이 크다. 필요하면 전문가와 함께 "부모가 스트레스를 어떻게 해소하며 자녀를 지원할지" 구체적 계획을 세우는 것이 현명하다.

부모가 편안해야 아이도 웃는다

부모가 안정적인 마음으로 자녀를 대하면, 아이도 학습 과정에서 심리적 안전감을 얻고 집중력을 발휘한다. 반면 부모의 스트레스가 극에 달하면 사소한 말다툼이 잦아지고, 공부 분위기도 빠르게 악화된다. 결국 부모가 스스로 휴식·재정비를 적절히 누리면서 자녀를 돕는 것 이야말로 가장 지혜로운 방법이다.

"내가 얼마나 힘들며 어디서 기운을 얻을 수 있는가?"를 틈틈이 되돌아보면, 영어 공부 뿐 아니라 가족의 전체적인 삶의 질 또한 높아진다. 때로는 멈춰 쉬고, 때로는 주변의 도움을 받으며, 스스로를 살피는 태도가 입시 여정에서 흔들림 없이 나아가는 힘이 되어 줄 것이다.

돌이켜 보면, 아이를 키우는 여정은 언제나 '불확실함'을 동반하는 것 같다. 내 아이가 잘 성장하고 있는지, 이 방식이 맞는지, 혹은 학교·학원·공부 모든 것을 쏟아붓는다고 정말 만족스러운 결과가 나오는지 아무도 장담할 수 없다고 느껴진다. 그러니 부모로서 늘 불안함이 뒤따른다. 지금도 이 책을 덮으며 "정말 이대로 해도 괜찮을까?"라는 생각이 스치고 있을 수도 있다. 하지만 한 가지 분명한 사실이 있다. 아이는 부모가 건네는 작은 지지와 믿음만으로도 한 발짝씩 전진할 수 있다는 점이다.

이 책은 '초등에서 중학으로 넘어가는 골든 타임'을 어떻게 준비하면 좋을지 안내해 왔다. 아이가 초등학교 5학년일 때부터 중학교 3학년이 될 때까지, 영어 학습을 비롯한 전반적인 학습 환경을 어떻게 설계해 줄 수 있는지를 고민했다. 사실 이 시기는 몸과 마음이 급격히 자라는 시기이기도 해서, 단순히 교과 지식만 쌓아서는 만족스럽지 않을 때가 많다. 아이가 사춘기를 맞아 반항적 태도를 보이기도 하고, 세상에 대한 불만과 불안을 동시에 품기도 하니, 부모 입장에서 혼란스럽다. 그렇지만 바로 이 시기에 '학습의 기본기'와 '건강한 성격'을 함께 잡아 줄 수 있다면, 고등학교 이후의 장거리 레이스가 훨씬 수월해진다.

이 책의 각 장(章)을 읽어 내려가며, 많은 부모들이 "우리 아이만의 속도와 기질을 존중하는 교육이 정말 가능하구나"라는 생각을 했을 것이라 기대한다. 특히 아이마다 다른 기질 – 도전형과 안정형 – 을 설명한 대목은, 서로 다른 성향의 아이를 키우는 가정에서 유익하게 쓰일 수 있다고 믿는다. '도전형 아이'에게는 적절한 무대와 과감한 시도를, '안정형 아이'에게는 천천히 반복할 기회를 제공해야 한다는 원리가 단순해 보이지만, 막상 현실에서는 놓치기 쉽다. 부모 마음이 조급해지면, 모든 아이에게 같은 방식으로 '빨리빨리'만 외치게 되기 때문이다.

이 책이 강조한 '부모의 태도' 역시 결코 작은 영역이 아니다. 영어라는 과목이 꽤나 방대한 분야이고, 내신·수능·실전 활용까지 이어지다 보니, 때때로 부모가 영어 공부 자체를 아이 인생의 전부처럼 여기기도 한다. 하지만 책에서 누누이 말했듯이, 영어가 중요한 만큼 '공부를 대하는 아이의 마음'을 잘 보듬어 주는 것도 필수적이다. 아이가 실패를 '성장의 계기'로 받아들일 수 있도록, 때로는 부모가 앞에서 끌어주고 뒤에서 밀어주며 옆에서 묵묵히 걸어 주어야 한다. 그 과정에서 "너는 왜 이렇게 못하니?"라고 질책하는 대신 "혹시 어떤 부분에서 막혔어?"라고 물어봐 주는 태도가 결정적이다.

학원을 선택하고, AI·디지털 도구를 활용하고, 집에서 작은 성공을 반복해 주는 학습 관리 노하우는 실질적인 도움을 줄 것이다. 무엇보다 이 책이 전하고 싶은 메시지는 '이 모든 것을 완벽하게 해낼 필요는 없다'는 점이다. 부모도 사람이기에, 늘 최고의 컨디션을 유지할 수 없다. 어떤 날은 강하게 리드하고 싶고, 또 어떤 날은 힘이 빠져 아이를 방치하고 싶은 마음이 생길 수도 있다. 그럴 때야 말로 책에서 제안한 '부모의 멘탈 관리법'을 떠올려 보길 바란다. 부모가 자신을 지쳐 버리게 만들면, 결국 아이를 제대로 보살필 힘도 잃어버리고 만다.

이 책에 담긴 수많은 실제 사례들-자퇴생에서 AI 연구원이 된 아이, 학습 부진아에서 수학 박사가 된 아이, 사춘기 반항을 극복하고 다시 공부 의욕을 찾은 아이 등-을 떠올리면, 어느새 마음이 조금 편해진다. '정말 저런 일이 가능할까?' 싶을 만큼 기적 같은 사례지만, 그 근저에는 '부모의 믿음'과 '아이가 지닌 무한한 가능성'이 자리 잡고 있었다. 아이가 아무리 형편없는 성적표를 받아 와도, 부모가 "너는 분명 뭔가 잘하는 게 있어"라며 기다려 준다면, 아이는 언젠가 그 말에 부응하고 싶은 마음을 품게 된다. 아이는 본능적으로 사랑받고 인정받고 싶어 하기 때문이다.

그리고 '결국 이 아이가 잘해 낼 수 있을까?'라는 부모의 질문은, 대부분 '잘해 낸다'로 귀결된다. 아이마다 걸리는 시간이 다를 뿐, 모두 나름의 방식으로 성장해 나간다. 이 책을 통해 배우고 실천하는 교육 방식은 그 과정을 좀 더 평탄하게 만들어 줄 뿐이다. 고통스럽게 억지로 공부하도록 만드는 게 아니라, 아이 스스로 "아, 이건 해볼 만하겠구나"라는 자신감을 점차 키워 가도록 돕는 게 핵심이다. 그렇게 생긴 '공부에 대한 긍정 인식'은 중·고등학교 내신과 수능은 물론, 어쩌면 대학 이후까지 아이 삶의 곳곳에서 빛을 발할 것이다.

여기까지 읽어 준 부모들에게, 그리고 그 부모의 곁에서 함께 자라는 아이들에게 감사와 응원을 전하고 싶다. 이 책이 다루지 못한 수많은 상황과 변수가 있겠지만, 최소한 '어떻게 하면 아이가 지금의 학습 환경을 조금 더 편안히 받아들이고, 내면의 힘을 키울 수 있을까?'라는 질문에는 어느 정도 답을 얻었으리라 믿는다. 물론 책 한 권만으로 모든 문제가 한순간에 해결되지는 않는다. 하지만 지금 이 순간, 아이가 교과서를 펼쳐 들 때, 부모가 그 눈빛을 바라보며 "우리가 함께 여기까지 왔으니, 앞으로도 잘할 수 있다"라고 생각할 수 있다면, 그걸로 충분하다.

부모가 너무 앞서지 않아도 된다. 아이가 한 단계씩 밟아 가는 모습에 귀를 기울이고, 때론 뒤따라가며 묵묵히 바라봐 주는 일 이야말로 진정한 교육자의 역할이기도 하다. 이 책을 덮고 나면, 내일 아침에 아이에게 "오늘 학교에서 어떤 영어 표현을 배웠는지 말해 줄 수 있어?" 하고 가볍게 물어봐 주는 것부터 시작해 보면 어떨까. 그 작은 대화가 아이의 마음을 열고, '공부를 잘하고 싶다'는 아이의 본능을 깨워 주는 소중한 스위치가 될 것이다.

마지막으로, 아이가 어느 날 성적표를 가져와 기대 이하의 결과를 보이더라도, 혹은 갑자기 마음이 식었다며 포기 선언을 해도, "그래도 괜찮아. 우리에겐 다시 시작할 충분한 시간이 있어"라고 말해 줄 수 있다면 좋겠다. 이 책을 사랑해 준 독자라면, 이제 그 말 한마디가 얼마나 큰 위로와 동력이 되는지 잘 알게 되었다고 믿는다. 아이가 인생의 가장 빛나는 시기를 맞이해 갈 수 있도록, 부모는 뒤에서 안전한 울타리가 되어 주면 된다. 그리고 그 울타리는 쉽게 허물어지지 않을 것이다.

이 책을 쓰며 떠오른 여러 부모와 아이들의 얼굴이 있다. 그들도 고민이 많았지만, 결국 아이의 가능성과 부모의 믿음이 만나 놀라운 열매를 맺었다. 이 글을 읽는 모든 독자에게도 그러한 작은 기적이 일어나길 바란다. 언제나 길은 있다. 아이마다 속도가 다를 뿐, 그 속도는 아이 나름의 최적의 박자이기도 하다. 당신은 이미 훌륭히 해내고 있다. 아이는 당신이 주는 사랑을 에너지원 삼아 오늘도 조금씩 꿈을 향해 나아가고 있다. 그러니 서두르지 않아도 된다. 함께 걸어가면서, 때로는 넘어져도 일으켜 주면서, 오늘도 '공부'라는 배움의 세계를 탐험하는 아이와 손을 맞잡고 웃어 주면 된다.

그 긴 여정에 이 책이 작은 지도를 제공했다면, 그것으로 만족한다. 독자의 각 가정에서 이 책이 마중물이 되어, 아이가 마음껏 재능과 열정을 꽃피울 수 있길 진심으로 응원한다. 어쩌면 이에필로그를 읽는 순간, 아이와 함께했을 수많은 밤과 아침이 스쳐 지나가기도 하겠다. 그 시간이 바로 아이를 빛나게 하는 토양이 된다. 그리고 언젠가 아이가 "엄마(아빠), 그때 정말 고마웠어. 덕분에 내 길을 찾았어" 라고 말하는 순간이 오리라 믿는다. 부모의 여정은 계속된다. 아이는 자란다. 당신도 함께 자란다. 그 성장을 축하하며, 이 책이 펼쳐 준 길을 마무리한다. 끝까지 함께 걸어 준 독자들에게 감사드린다. 그리고 무엇보다, 스스로의 길을 만들어 나갈 아이들에게 따뜻한 응원의 박수를 보낸다.

이제 선택은 부모님께 달렸다.

이번 주부터 '25+5 사이클 공부법'을 적용해 보자.

아이가 영어 공부를 싫어한다면, 1주일 동안 '배경지식 독해'만 시도해 보자.

오늘부터 스마트폰을 '학습 도구'로 바꿔 보자!

(ChatGPT·퀴즐렛 활용)

실천 체크리스트

☐ 하루 30분, 정해진 시간에 영어 듣기/읽기 습관 만들기

☐ 매주 5개 이상 영어 문장을 직접 만들어 보기

☐ 1개월에 한 번, 학습 목표 점검 및 조정하기

부록

2022년 개정 교육과정
필수 어휘

22년차 학원장이 알려주는 **입시 영어 로드맵**

2022년 개정 교육과정에서는 성취 기준을 달성하기 위해 필요한 3000개의 핵심 단어를 제시했다. 이는 초등학교에서 사용하기 권장하는 800개, 중·고등 공통과목에서 권장하는 1200개, 그리고 선택과목에서 권장하는 1000개로 구성된다.

2022 개정 교육 초등학교 필수 어휘 (800개)

a, about, above, across, act, add, address, adult, afraid, after, afternoon, again, against, age, ago, agree, ahead, air, airplane, album, all, almost, alone, along, already, alright, also, always, and, animal, another, answer, any, apartment, apple, area, arm, around, arrive, art, as, ask, at, aunt, autumn, away, baby, back, bad, badminton

bag, bake, ball, banana, bank, base, baseball, basket, basketball, bat, bath, be, beach, bear, beauty, because, become, bed, bee, beef, before, begin, behind, believe, bell, below, belt, beside, between, big, bike, bill, bird, birth, biscuit, black, blood, blue, board, boat, body, bone, book, borrow, both, bottle, bottom, box, boy, brave
 bread, break, breakfast, bridge, bright, bring, brother, brown, brush, build, burn, bus, business, busy, but, butter, button, buy, by, cake, call, camera, camp, campaign, can, candy, cap, car, card, care, carrot, carry, case, cash, cat, catch, center, certain, chair, chance, change, cheap, check, cheese, chicken, child, chocolate, choose, church, circle city, class, clean, clear, clever, climb, clock, close, clothes, cloud,

club, coat, coffee, cold, collect, college, color, come, comic, company, compute, condition, congratulate, control, cook, cookie, cool, corner, cost, could, country, couple, course, court, cousin, cover, cow, crayon, cream, cross, cry, culture, cup, curtain, customer, cut, dance, danger, dark, date

daughter, day, dead, death, decide, deep, delicious, design, desk, dialogue, die, difficult, dinner, discuss, do, doctor, dog, doll, door, double, doughnut, down, draw, dream, dress, drink, drive, drop, drum, dry, duck, during, ear, early, earth, east, eat, egg, eight, elephant, eleven, end, energy, enough, enter, evening, every, example, exercise, eye

face, fact, fail, fall, family, fan, far, farm, fast, fat, father, favorite, feel, festival, field, fight, file, fill, film, find, fine, finger, finish, fire, first, fish, five, fix, floor, flower, fly, focus, food, fool, foot, football, for, forest, forget, fork, form, four, fox, free, fresh, friend, from, front, fruit, full

fun, future, game, garden, gas, gentleman, get, girl, give, glad, glass, go, goal, god, gold, good, goodbye, grandfather, grape, grass, gray, great, green, ground, group, grow, guess, guitar, gum, guy, habit, hair, hamburger, hand, hang, happy, hard, hat, hate, have, he, head, heart, heat, heavy, hello, helmet, help, here, hero

high, hike, hill, history, hit, hobby, hold, holiday, home, homework, honest, hope, horse, hospital, hot, hour, house, how, however, human, hundred, hunt, hurry, husband, I, ice, idea, if, image, in, inside, internet, into, introduce, invite, issue, it, jacket, jam, job, join, juice, jump, just,

22년차 학원장이 알려주는 입시 영어 로드맵

keep, key, kick, kid, kill, kind

king, kiss, kitchen, knife, know, lady, lake, land, large, laser, last, late, lazy, learn, left, leg, lesson, letter, library, lie, life, light, like, line, lion, lip, listen, little, live, long, look, love, low, luck, lunch, mad, mail, make, man, many, map, marathon, market, marry, mathematics, may, meat, medal, meet, member

memory, middle, might, milk, mind, miss, model, money, monkey, month, moon, morning, mother, mountain, mouse, mouth, move, movie, much, music, must, name, nation, nature, near, neck, need, never, new, news, newspaper, next, nice, night, nine, no, north, nose, not, note, notebook, nothing, now, number, nurse, of, off, office, often, oil

okay, old, on, one, only, open, or, orange, out, over, page, paint, pants, paper, parent, park, part, partner, party, pass, pay, pen, pencil, people, piano, pick, picture, pig, pilot, pink, pizza, place, plan, plastic, play, please, point, police, poor, potato, power, present, pretty, prince, print, problem, program, project, puppy, push

put, queen, question, quick, quiet, quiz, rabbit, race, radio, rain, read, ready, recreation, red, remember, restaurant, restroom, return, ribbon, rich, right, ring, river, road, robot, rock, room, rose, run, sad, safe, salad, sale, salt, same, sand, sandwich, save, say, school, science, scissors, score, sea, season, second, see, sell, send, service

set, seven, she, ship, shirt, shoe, shop, short, should, show, shy, sick, side, sing, sister, sit, six, size, skate, ski, skin, skirt, sky, sleep, slow, small, smell, smile, snow, so, soccer, sock, soft, software, some, son, song, sorry, sound, soup, south, space, spaghetti, speak, speed, spoon, sport, spring, staff, stand

star, start, stay, steak, stone, stop, store, story, street, strong, study, style, subway, sugar, summer, sun, sure, swim, table, tail, take, talk, tall, tape, taste, taxi, teach, team, telephone, television, tell, ten, tennis, tent, test, textbook, than, thank, that, the, there, they, thing, think, third, thirst, thirteen, thirty, this, three

ticket, tiger, time, tire, to, today, together, tomato, tomorrow, tonight, too, tooth, top, touch, town, toy, track, train, travel, tree, trip, truck, TRUE, try, turn, twelve, twenty, twenty-first, twenty-second, twenty-third, twice, two, type, ugly, umbrella, uncle, under, understand, up, use, vegetable, very, video, violin, visit, voice, wait, wake, walk, wall

want, war, warm, wash, watch, water, watermelon, way, we, wear, weather, website, wedding, week, weekend, weight, welcome, well, west, wet, what, when, where, white, who, why, wife, will, win, wind, window, wine, winter, wish, with, woman, wood, word, work, world, worry, write, wrong, year, yellow, yes, yesterday, you, young, zoo

2022년 개정 중고등 공통과목 필수 어휘 (1200개)

able, absolute, accent, accept, access, accident, account, accuse, achieve, adapt, admire, admit, adopt, advance, advantage, adventure, advertize, advice, advise, affair, affect, afford, agent, aid, aim, airline, airport, alarm, alcohol, alive, allow, aloud, alter, although, altogether, amaze, ambulance, among, amount, amuse, analysis, angel, anger, announce, annoy, annual, ant, anxious, apart, appeal

appear, apply, appoint, appreciate, approach, appropriate, argue, army, arrange, arrest, article, aside, asleep, assess, assign, assist, associate, assume, atmosphere, attach, attack, attempt, attend, attention, attitude, attract, audience, automatic, average, avoid, awake, award, aware, awkward, background, bacon, balance, balloon, band, bang, bar, bare, bark, basis, battery, battle, bay, bean, beat, beer

beg, belief, belong, bench, bend, beneath, benefit, bet, beyond, billion, bin, bind, bit, bite, bitter, blame, blank, blanket, bless, blind, block, blonde, bloom, blow, boil, bomb, bond, boom, boot, bore, boss, bother, bounce, bow, bowl, brain, brake, branch, brand, breast, breath, breathe, brick, brief, brilliant, broad, bubble, budget

bug, bump, bunch, burst, bury, bush, cable, cage, calculate, calendar, calm, capable, cape, capital, captain, career, carpet, cart, cast, castle, catalogue, category, cause, ceiling, cell, century, chain, chairman, challenge, champion, channel, character, characteristic, charge, charm, chart, chase, chat, cheek, cheer, chest, chew, chief, chip, choice, chop, cigarette, cinema, circumstance, citizen civil, claim, clerk, click, client, cliff, climate, clip, clue, coach, coal, coast, code, coin, combine, comedy, comfort, command, comment, commerce, committee, common, communicate, community, compare, complain, complete, complex, complicate, concentrate, concept, concern, concert, confirm, conflict, confuse, connect, conscious, consider, constant, consume, contact, contain, content, contest, context, continue, contract

contribute, converse, convince, cop, cope, copy, correct, cottage, cotton, cough, council, count, countryside, county, crack, crash, crawl, create, credit, crime, crisis, crisp, crowd, crown, cruel, cure, curious, curl, current, cute, cycle, damage, dare, darling, dawn, deal, debate, debt, deck, decorate, defense, define, definite, degree, delay, delight, deliver, demand

demonstrate, dentist, deny, depend, depress, describe, desert, deserve, desire, desperate, despite, destroy, detail, detect, determine, develop, diary, dictionary, diet, dig, direct, dirt, disappoint, disc, discipline, disgust, dish, display, distance, district, disturb, dive, divide, divorce, document, dolphin, domestic, donate, doubt, dozen, drag, drama, drug, due, dump, dust, duty, each

earn, ease, economy, edge, edit, educate, effect, effort, either, elect, electric, element, else, embarrass, emotion, emphasize, empire, employ, empty, enemy, engage, engine, engineer, enormous, entertain, entire, envelope, equal, escape, especial, essay, establish, estimate, even, event, ever, evidence, evil, exact, examine, except, exchange, excite, excuse, exhaust, exist, exit, expand, expect expense, experience, experiment, expert, explain, expose, express, extend, extra, extreme, factor, factory, faint, fair, faith, familiar, fancy, fantastic, fascinate, fashion, fault, favor, fear, feature, fee, feed, fellow, female, fence, fever, few, figure, final, finance, firm, fit, flag, flame, flash, flat, flight, float, flood, flow, fog, fold, folk, follow, force, foreign

forever, forgive, forth, fortunate, fortune, forward, found, frame, frankly, freeze, fright, frog, frustrate, fry, function, fund, fur, furniture, gain, garage, gate, gather, gear, general, gentle, gesture, ghost, giant, gift, giraffe, glance, glory, glove, glue, golf, gorgeous, govern, grab, grace, grade, grand, grant, graph, greet, grocery, guarantee, guard, guest, guide, guilt

gun, half, hall, handle, handsome, happen, harm, health, hear, heaven, height, helicopter, hell, hesitate, hide, highway, hint, hire, hole, honey, honor, hotel, hug, huge, humor, hunger, hurt, identity, ignore, ill, illustrate, imagine, immediate, impress, improve, include, income, increase, indeed, indicate, individual, industry, influence, inform, injure, innocent, insist, inspect, instance, instant

instead, instruct, instrument, insure, intend, intense, intent, interest, internal, interrupt, invent, invest, investigate, involve, iron, island, item, jaw, jeans, joke, journey, joy, judge, junior, justice, knee, knock, knowledge, label, labor, laboratory, lack, lamb, lamp, lane, language, laugh, law, lawn, lawyer, lay, lead, leaf, league, lean, leap, leave, legal, lemon, lend

let, level, license, lid, lift, limit, link, list, livingroom, load, loan, local, locate, lock, log, loose, lose, loss, lot, loud, machine, magazine, magic, main, maintain, major, male, manage, manner, manufacture, mark, marvel, mask, mass, master, match, mate, matter, maximum, maybe, meal, mean, measure, medical, medicine, melon, melt, mental, mention, menu

mess, message, metal, method, microwave, military, mill, minor, minute, mirror, mission, mix, modern, moment, monitor, mood, moral, moreover, motion, motor, mount, mud, muscle, museum, mushroom, mystery, nail, narrow, native, navy, neat, necessary, neighbor, neither, nerve, nest, net, noise, none, noon, nor, notice, nowadays, nowhere, nut, oak, object, observe, obvious, occasion

occur, ocean, odd, offer, officer, once, opera, operate, opinion, oppose, order, ordinary, other, otherwise, ought, oven, overall, own, pack, pain, pair, palace, pan, panic, parade, paragraph, pardon, particular, past, path, patient, pattern, pause, peace, pear, pepper, per, perfect, perform, perhaps, period, person, pet, photograph, physical, picnic, pie, piece, pile, pin

pine, pipe, pitch, pity, plain, plane, planet, plant, plate, plenty, plus, pocket, poem, poet, poison, pole, policy, polite, politics, pollute, pool, pop, popular, pork, port, possess, possible, post, pot, potential, pour, powder, practical, practice, pray, prefer, pregnant, prepare, presence, press, pretend, prevent, previous, price, pride, prime, principle, prison, privacy, private

prize, probable, proceed, process, produce, profession, profit, progress, promise, promote, pronounce, proper, property, propose, protect, protest, proud, prove, provide, pub, public, pull, pump, punch, punish, purchase, pure, purple, purpose, puzzle, quality, quarter, quit, quite, quote, rail, rainbow, raise, range, rapid, rare, rat, rate, rather, reach, react, real, reason, receive

recent, recipe, recognize, recommend, record, recover, reduce, refer, reflect, refuse, regard, region, register, regular, relate, relax, release, relief, rely, remain, remark, remind, remove, rent, repair, repeat, replace, reply, report, represent, request, require, research, reserve, resist, resource, respect, respond, responsible, rest, result, retire, rice, ride, rise, risk, rob, rocket, role, roll

roof, root, rope, rough, round, route, row, royal, rub, rude, ruin, rule, rush, sail, salary, sample, satisfy, sauce, scale, scare, scarf, scene, schedule, scratch, scream, screen, seal, search, seat, secret, secretary, section, secure, seed, seek, seem, select, self, senior, sense, sentence, separate, series, serious, serve, session, settle, several

sew, sex, shade, shadow, shake, shall, shame, shape, share, sharp, shave, sheep, sheet, shelf, shell, shelter, shift, shine, shock, shoot, shore, shoulder, shout, shower, shut, sight, sign, silly, silver, similar, simple, since, single, sink, site, situate, skill, slave, slide, slight, slip, smart, smash, smoke, smooth, snack, snake, snap

social, society, soil, soldier, solid, solve, somewhat, soon, sore, sort, soul, sour, source, spare, species, specific, speech, spell, spend, spin, spirit, spoil, sponsor, spot, spray, spread, spy, square, stable, stage, stairs, stamp, standard, stare, state, station, steady, steal, steam, steel, step, stick, still, stir, stock, stomach, storm

straight, strange, strategy, strawberry, stream, stress, stretch, strike, string, structure, struggle, studio, stuff, subject, succeed, success, such, sudden, suffer, suggest, suit, sum, super, supper, supply, support, suppose, surface, surprise, surround, survey, survive, suspect, swallow, sweater, sweep, sweet, swing, switch, system, tale, tank, tap, target, tax, tea, tear, technique

technology, teenage, temperature, tend, tense, term, terrible, text, theater, then, theory, therefore, thick, thief, thin, though, thousand, threat, throat, through, throw, thus, tide, tie, tight, till, tin, tiny, tip, title, toast, toe, toilet, tone, tongue, tool, topic, total, tough, tour, toward, towel, tower, trace, trade, tradition, traffic, transfer

transport, trap, tray, treat, triangle, trick, trouble, trunk, trust, truth, tune, twin, twist, uniform, unit, unite, university, unless, until, upon, upper, upset, valley, value, van, various, vary, vehicle, version, victim, view, villa, village, violent, vision, volume, volunteer, vote, wage, warn, waste, wave, weak, weapon, weigh, whale, wheel, whether

which, while, whisper, whistle, whole, wide, wild, wing, wipe, wire, wise, within, without, wonder, wool, worth, would, wound, wrap, yell, yet, zebra, zero

2022년 개정 고등 선택 과목 필수 어휘 (1000개)

abandon, aboard, abort, abound, abroad, absent, absorb, abstract, absurd, abuse, academy, accelerate, accommodate, accompany, accomplish, accord, accumulate, accurate, ache, acid, acknowledge, acquire, acquisition, addict, adequate, adjust, administer, adolescent, adverse, advocate, aesthetic, agency, agenda, aggress, agriculture, alert, alien, alike, allocate, ally, alongside, alternate, ambassador, ambition, analyze, anchor, ancient, angle, anniversary, anticipate

anxiety, apology, apparent, approve, approximate, architect, arise, arrow, artifice, aspect, aspire, assault, assemble, assert, asset, assure, astonish, athlete, atom, attribute, auction, authentic, author, avail, await, awe, ban, bankrupt, bargain, barrier, beam, beard, beast, behalf, behave, betray, bias, biography, biology, blast, blend, blink, blossom, bold, boost, border, boundary, breed, breeze, broadcast

brute, bulk, bull, bully, bundle, burden, butcher, buzz, cancel, cancer, candidate, canvas, capture, carve, cater, cattle, caution, cave, cease, celebrate, celebrity, censor, certificate, chamber, chaos, charity, chef, chemical, chill, chin, choir, chorus, chronic, circulate, cite, clap, clash, clause, clay, cling, clinic, cluster, coincide, collaborate, collapse, collar, colleague, colony, column, combat

commit, commodity, communist, companion, compatible, compel, compensate, compete, compile, complement, component, compose, compound, comprehend, comprise, compromise, conceal, conceive, conclude, concrete, condemn, conduct, confer, confess, confide, confine, conform, confront, congress, conscience, consent, conserve, consist, constitute, constrain, construct, consult, contemporary, contend, continent, contradict, contrary, contrast, controversy, convene, convert, convey, convict, cooperate, coordinate

copyright, cord, core, corn, corporate, correspond, corridor, corrupt, costume, counsel, counterpart, coupon, courage, craft, craze, credible, creep, crew, criterion, critic, crop, crucial, cruise, crush, crystal, cultivate, currency, curriculum, curry, curse, curve, custody, custom, cynical, dairy, damp, dash, database, datum, decade, decay, decent, declare, decline, decrease, dedicate, defeat, defend, deficiency, deficit

delegate, delete, deliberate, delicate, democracy, democrat, demon, dense, depart, depict, deposit, deprive, derive, descend, designate, despair, destine, destiny, destruct, detach, device, devil, devise, devote, diabetes, dictate, differ, dignity, dimension, diminish, dine, dip, diplomat, disaster, discourse, discriminate, dismiss, dispute, disrupt, distinct, distinguish, distort, distract, distribute, diverse, divine, domain, dominate, dose, dot

draft, drain, dread, drill, drown, dual, dull, dwell, dynamic, eager, efficient, elaborate, electronic, elegant, elevate, eliminate, elite, embassy, embrace, emerge, emergency, emit, emphasis, encounter, endure, enhance, enterprise, enthusiastic, entry, environ, envy, equip, era, erase, erect, err, essence, estate, ethic, ethnic, evacuate, evaluate, evitable, evolution, evolve, exaggerate, exceed, excel, excess, exclude executive, exhibit, exotic, expertise, explicit, explode, explore, export, extent, external, extinct, extract, extraordinary, eyebrow, fabric, facilitate, facility, faculty, fade, FALSE, fame, fare, fasten, fate, federal, ferry, fertile, fiber, fiction, fierce, filter, finite, flavor, flaw, flee, flesh, flexible, flip, flock, flourish, flush, fond, forbid, forecast, forehead, format, former, formula, foster, fountain

fraction, framework, frequent, frost, frown, fuel, fulfil, fundamental, funeral, furnish, furthermore, fury, fuse, gallery, gamble, gang, gap, gasoline, gaze, gender, gene, generate, generous, genius, genuine, geography, geology, glare, globe, glow, goat, graduate, grain, grasp, grateful, grave, greed, grief, grip, gross, guardian, guideline, gulf, gymnasium, habitat, halt, hammer, handicap, harbor, harmony

harsh, harvest, haunt, hazard, headquarters, heal, heel, heir, hence, heritage, hierarchy, highlight, holy, hook, horizon, horror, host, hostile, household, hut, hypothesis, ideal, identical, ideology, illude, imitate, immense, immigrate, immune, impact, imperial, implement, imply, import, impose, incentive, incident, incline, incorporate, index, induce, infant, infect, infer, inflate, ingredient, inhabit, inherent, inhibit, initial

inject, inn, innovate, input, inquire, insect, insert, insight, inspire, install, instinct, institute, insult, integrate, intellect, intelligent, interfere, interior, intermediate, interpret, interval, intervene, intimate, intrigue, invade, irony, irritate, isolate, jail, jar, jog, joint, journal, jury, keen, kit, knight, knot, ladder, landscape, lap, latter, launch, laundry, leak, lease, leather, lecture, legend, legislate legitimate, leisure, liberal, liberty, likewise, linguistic, liquid, literature, logic, lone, loyal, lump, luxury, magnet, magnificent, manifest, manipulate, margin, marine, mature, mayor, meanwhile, mechanic, mechanism, mediate, medieval, medium, merchant, mere, merge, merit, metropolitan, microphone, migrate, mild, million, mine, mineral, minimal, minimum, ministry, miracle, missile, mobile, mock, mode, modify, moderate, modest, moist

molecule, monster, monument, mortal, motive, multiple, murder, mutual, myth, naive, naked, narrate, nasty, needle, negate, neglect, negotiate, nephew, network, neutral, nevertheless, nightmare, noble, nod, nominate, nonetheless, norm, novel, nuclear, numerous, obey, oblige, obsess, obtain, occupy, offend, opportune, opt, optimist, oral, orbit, orchestra, organ, orient, origin, outcome, outline, output, outrage, outstanding

overcome, overhead, overlap, overlook, overnight, oversea, overwhelm, owe, pace, pad, pale, palm, panel, parallel, parliament, participate, particle, passage, passenger, passion, passport, pat, patch, patent, pave, peak, peasant, peel, peer, penalty, perceive, permanent, permit, persist, perspective, persuade, phase, phenomenon, philosophy, phrase, physics, pill, pinch, pioneer, platform, plot, polish, poll, pond, populate

portion, portrait, pose, posit, praise, preach, precede, precise, predator, predict, prejudice, premium, prescribe, preserve, preside, presume, prevail, prey, priest, primitive, principal, prior, privilege, professor, profile, profound, prohibit, prominent, prompt, proof, proportion,

22년차 학원장이 알려주는 입시 영어 로드맵

prospect, prosper, protein, province, provoke, psychology, publish, pupil, pursue, quantity, questionnaire, rage, rally, random, rank, rational, raw, rear, rebel

receipt, recruit, refine, reform, refrigerate, regret, regulate, reinforce, reject, relevant, relieve, religion, reluctant, remedy, remote, republic, reputation, rescue, resemble, reside, resign, resolve, resort, restore, restrain, restrict, resume, retail, retain, retreat, reveal, revenge, reverse, revise, revive, revolution, reward, rhythm, rid, ridicule, riot, rival, roar, roast, rod, romantic, rot, routine, rumor, rural

sack, sacred, sacrifice, satellite, scan, scandal, scarce, scatter, scheme, scholar, scope, scramble, screw, sculpt, sector, seize, sensible, sentiment, sequence, severe, shallow, sigh, silent, simulate, simultaneous, sin, skip, slice, slim, slope, sneak, soak, soap, sociology, sole, sophisticate, span, spark, spectacle, spectrum, sphere, spill, spit, splash, split, spouse, squeeze, stack, stain, starve

statistic, statue, status, steep, stem, stiff, stimulate, stitch, stove, strain, strict, strip, stripe, stroke, submarine, submit, subscribe, substance, substitute, subtle, suburb, suck, suffice, suicide, suite, summit, superb, superior, supervise, supplement, surgery, surrender, suspend, sustain, swear, sweat, swell, swift, symbol, sympathy, symphony, symptom, tackle, tag, talent, task, tease, telegraph, temple, temporary

tempt, tenant, tender, terminal, terminate, terrace, terrific, territory, terror, theme, therapy, thorough, thread, thrill, thumb, tick, timber, tissue, torture, toss, toxic, tragic, trail, transact, transform, transition, translate, transmit, treasure, treaty, tremendous, trend, tribe, trigger, trim, triumph, troop, tube, tunnel, turnover, ultimate, undergo, underlie, undermine, undertake, unify, unique, universe, update, upward

urban, urge, utilize, utter, vacate, vaccine, vacuum, vague, valid, vanish, vast, venture, verb, verse, versus, vertical, vessel, veterinarian, via, vice, victory, vigor, virgin, virtue, virus, visible, visual, vital, vivid, vocabulary, vocation, wander, warehouse, warrant, wealth, weave, weed, weird, welfare, wheat, whereas, whip, wicked, wit, withdraw, witness, worship, wreck, yield, zone

22년차 학원장이 알려주는 입시 영어 로드맵

글쓰기에서 자주 쓰이는 표현들

1. 문법적 특징별 표현

(1) 가주어 (It) 구문

1. **It is important/necessary/essential to +** 동사원형

   "~하는 것은 중요/필수적이다"라는 의미로, 글의 주제나 핵심을 강조할 때 좋습니다.

2. **It is helpful/beneficial/valuable to +** 동사원형

   "~하는 것은 유익하다/가치 있다" 등 행동의 이점을 소개할 때 사용합니다.

3. **It is difficult/hard/challenging to +** 동사원형

   "~하는 것은 어렵다/힘들다"라고 하여, 어떤 문제나 난이도를 부각할 때 유용합니다.

4. **It is easy/simple/straightforward to +** 동사원형

   "~하는 것은 쉽다/간단하다"로, 수행 가능성을 높게 평가할 때 씁니다.

5. **It is possible/impossible/likely/unlikely to +** 동사원형

   "(불)가능하다", "(안)될 것 같다" 등 가능성을 논할 때 쓰입니다.

6. **It is obvious/clear/evident (that) S + V**

   사실이나 결론이 분명함을 강조하며, 논리를 보강할 때 좋습니다.

7. **It is true/certain (that) S + V**

   확실한 사실을 언급하여 글에 무게감을 실을 때 사용합니다.

8. **It is said/believed/thought (that) S + V**

일반적 견해나 보고·연구 결과를 도입할 때 자연스럽습니다.

9. **It turns out/appears (that) S + V**

   결론적으로 "~임이 드러났다"처럼, 새로운 사실을 확인할 때 씁니다.

10. **It might/could be (that) S + V**

    직접 단언하기보다, "~일 수도 있다"는 추측을 부드럽게 표현할 때 좋습니다.

11. **It goes without saying (that) S + V**

    "~은 말할 것도 없다"처럼, 너무나 당연한 사실을 언급할 때 활용합니다.

12. **It is no wonder (that) S + V**

    "~은 당연하다"로, 앞 상황과 결과가 자연스럽게 이어질 때 씁니다.

13. **It is (사람/사물) that ~ (강조 구문)**

    문장에서 특정 요소(주어·목적어)를 강조하고 싶을 때 쓰는 패턴입니다.

(2) to부정사 및 동명사 구문

14. **To동사원형/동명사 + be동사 + 형용사/명사**

    "To travel is fun." / "Traveling is fun."처럼 주어 자리에 사용하여 주제를 간단명료하게 제시합니다.

15. **Be likely/able/eager/willing/ready/reluctant to + 동사원형**

    가능성(likely), 능력(able), 열의(eager), 의지(willing/ready), 꺼림 (reluctant) 등, 행동에 대한 태도나 의도를 표현합니다.

16. **It takes + 시간 + to동사원형**

    "~하는 데 (시간)이 걸린다"는 시간적 배경을 밝힐 때 사용합니다.

17. **In order to + 동사원형, S + V**

"~하기 위해서"라는 목적을 분명히 제시할 때 자주 쓰입니다.

18. **So as to + 동사원형, S + V**

위의 표현과 비슷하나, 조금 더 격식 있게 "~하기 위해"를 나타낼 때 유용합니다.

19. **Would like to + 동사원형**

"~하고 싶다"로, 공손한 의도나 희망을 표현합니다.

20. **Would rather + 동사원형**

"차라리 ~하겠다"라는 선호를 나타낼 때, 다른 선택지와 비교하여 쓰기 좋습니다.

21. **Cannot help ~ing**

"~하지 않을 수 없다"로, 어쩔 수 없는 상황이나 강한 감정을 표현합니다.

22. **Be supposed to + 동사원형**

"~하기로 되어 있다"처럼, 의무나 규정을 말할 때 사용합니다.

23. **Be about to + 동사원형**

"막 ~하려고 하다"라는 임박한 행동을 나타낼 때 유용합니다.

24. **Be used to + 동명사**

"~에 익숙하다"로, 이미 습관화된 일이나 상황을 설명할 때 좋습니다.

25. **Look forward to + 동명사**

"~을 기대하다"로, 앞으로의 계획이나 바람을 표현하는 데 사용합니다.

(3) that절 / 의문사절 / 기타 절 구문

26. **I think/believe/feel (that) S + V**

의견이나 생각을 가장 일반적으로 제시할 수 있는 표현입니다.

27. **I am sure/convinced/confident (that) S + V**

확신이나 강한 믿음을 전달하며, 글에 힘을 실어줄 때 좋습니다.

28. **I have no doubt (that) S + V**

"의심할 여지가 없다"라며, 단정적이고 확신에 찬 태도를 드러냅니다.

29. **I am not sure/uncertain (if) S + V**

"~인지 확실하지 않다"처럼, 불확실성이나 조심스러운 태도를 표현합니다.

30. **I wonder (if/whether) S + V**

"~인지 궁금하다"라는 의문이나 호기심을 나타냅니다.

31. **I am afraid/concerned (that) S + V**

"~이 걱정된다/염려스럽다" 등, 부정적 예감이나 우려를 표현합니다.

32. **I am aware/realize (that) S + V**

"~을 알고 있다/깨닫고 있다"처럼, 인식이나 발견을 나타냅니다.

33. **I am glad/happy (that) S + V**

"~해서 기쁘다/행복하다"처럼, 긍정적 감정을 표현할 때 사용합니다.

34. **The fact (that) S + V**

"~라는 사실"이라고 언급해, 주장이나 근거를 더 강조하고 싶을 때 좋습니다.

35. **That is why/how/when/where/who S + V**

바로 앞 문장에서 언급된 상황을 이어받아, 이유·방법·시간·장소·대상을 구체화할 때.

36. **That is because S + V**

"그것은 ~때문이다"로, 앞 문장의 원인·배경을 제시해 글의 흐름을 매끄럽게 만듭니다.

37. That is the reason (why) S + V

"그래서 ~이다"라는 결론을 도출하며, 원인·동기를 강조합니다.

38. It is worth noting/mentioning (that) S + V

"~은 주목할/언급할 가치가 있다"처럼, 중요 사항이나 핵심 정보를 강조할 때
쓰입니다.

39. I must admit/point out (that) S + V

"정말 ~라고 인정해야겠다" / "특히 ~이라는 점을 짚어야 한다"처럼, 양보나
강조에 활용합니다.

40. It is widely accepted/agreed (that) S + V

"일반적으로 ~라고 여겨진다/동의된다" 등, 사회적 합의나 통념을 소개할 때
유용합니다.

(4) 기타 유용한 문장 구조 & 표현

41. Make sure (that) S + V

"반드시 ~하도록 해라"로, 주의나 확인을 강조할 때 좋습니다.

42. It seems/looks as if S + V

직접 단정하지 않고 "마치 ~처럼 보인다"라는 추측을 표현할 때 유용합니다.

43. It remains to be seen (whether) S + V

"아직 ~인지 지켜봐야 한다"처럼, 미래나 결과가 불확실할 때 쓰기 좋습니다.

44. Be bound to + 동사원형

"반드시 ~하게 되어 있다"로, 강한 필연성이나 불가피성을 드러냅니다.

45. **Be free to +** 동사원형

"자유롭게 ~할 수 있다"는 뜻으로, 선택의 자유나 허용을 나타냅니다.

46. **As far as I know / As far as I am concerned**

"내가 아는 한 / 내 생각으로는" 등, 개인적 견해를 제한적으로 제시할 때 좋습니다.

47. **In fact, S + V**

"사실은 ~이다"라며, 추가 설명이나 재차 강조를 할 때 사용합니다.

48. **In other words, S + V**

"다시 말해 ~이다"로, 앞서 언급한 내용을 재정리하거나 보충할 때 좋습니다.

49. **What matters is (that) S + V**

"중요한 것은 ~이다"라고 하여, 핵심 포인트를 간결히 강조합니다.

50. **No matter how/what/when/where S + V**

"어떻게/무엇을/언제/어디서 ~하든지 간에"라는 의미로, 조건이나 상황과 무관하게 동일 결과가 나올 때 쓰기 좋습니다.

2. 글쓰기 기능별 표현

아래는 글을 의견 제시, 예시/구체화, 인과관계, 대조/비교, 순서/전개, 결론/요약, 강조/부연, 감정/태도 등으로 나누어 활용할 수 있는 대표 표현들입니다.

(1) 의견 및 주장 제시

I think (that) ...

I believe (that) ...

In my opinion, ...

From my point of view, ...

It seems to me that ...

I strongly agree/disagree with ...

활용 팁: 자신의 생각이나 주장을 글의 도입 부분에서 명확히 밝혀야, 독자(교사.친구)가 글의 주제를 쉽게 이해할 수 있습니다.

(2) 예시 및 구체화

For example, ...

For instance, ...

Such as ...

To illustrate, ...

Let me give an example: ...

활용 팁: 특정 주장이나 생각을 설명할 때 예시를 들면, 글이 한층 구체적이고 설득

력 있게 됩니다.

(3) 인과관계 (이유·원인) 표현

because ...

since ...

due to ...

as a result, ...

Therefore, ...

The main reason is (that) ...

활용 팁: 원인과 결과를 명확하게 표현하는 것은 논리적 글쓰기의 핵심입니다.

(4) 대조·비교

However, ...

On the other hand, ...

In contrast, ...

Whereas ...

Despite ... / **Even though** ...

Unlike ...

While ...

활용 팁: 찬반 의견, 서로 다른 시각을 제시하거나 상황을 비교.대조할 때 활용할 수 있습니다.

(5) 순서·전개

First(ly), … / Second(ly), … / Finally, …

Next, … / Then, …

After that, …

Meanwhile, …

In addition, … / Moreover, …

Also, …

활용 팁: 글을 단계적으로 전개하거나 사건.내용을 시간 순서대로 정리할 때 사용하면 좋습니다.

(6) 결론·요약

In conclusion, …

To sum up, …

All in all, …

Overall, …

In short, …

For these reasons, … / That is why …

활용 팁: 글을 마무리할 때 주제나 결론을 다시 한번 강조하여, 독자의 이해를 돕습니다.

(7) 강조·부연 설명

I want to emphasize (that) …

부록

It is important to note (that) ...

I would like to point out (that) ...

In particular, ...

Especially, ...

활용 팁: 글에서 핵심 포인트나 주요 사실을 재강조하거나, 추가 설명이 필요할 때 유용합니다.

(8) 감정·태도 표현

I am happy to ... / **I am glad that** ...

I am concerned about ...

I am interested in ...

I was surprised that ...

It makes me feel (adjective) ... **(e.g., proud, worried, excited)**

활용 팁: 자신의 감정이나 태도를 드러내면, 글이 좀 더 개인적이고 생동감 있게 느껴집니다.

22년차 학원장이 알려주는 입시 영어 로드맵

초판인쇄	2025년 2월 24일
초판발행	2025년 3월 4일
지은이	임은미
발행인	조현수
펴낸곳	도서출판 프로방스
기획	조영재
마케팅	최문섭
편집	이승득
디자인	호기심고양이
본사	경기도 파주시 광인사길 68. 201-4호
물류센터	경기도 파주시 산남동 693-1
전화	031-942-5364, 5366
팩스	031-942-5368
이메일	provence70@naver.com
등록번호	제2016-000126호
등록	2016년 06월 23일

정가 18,000원
ISBN 979-11-6480-383-5 13740